Schöne Vorhänge & Jalousien selber machen

Melanie Paine

Schöne Vorhänge & Jalousien selber machen

Fotografiert von
Michael Crockett

Bechtermünz Verlag

Zuerst veröffentlicht 1997 in Australien
von Reader's Digest (Australia) Pty Limited

Deutsche Erstausgabe

Koordination und Bearbeitung
der deutschen Ausgabe:
AMS Autoren- und Medienservice, Reute
Übersetzung: AMS/Karin Elke Schulz
Satz: AMS/Rudolf Kempf
Design: Sarah Davies
Fotografie: Michael Crockett
Styling: Melanie Paine
Schritt-für-Schritt-Fotografie: Sampson Lloyd and Geoff Dann
Illustration: Ian Sidaway
Gesamtherstellung: Euro Litho S.r.L., Cesano Boscone (Mailand)

Printed in Italy
ISBN 3-8289-2302-X

Inhalt

EINFÜHRUNG

IHRE WOHNUNG sieht mit einer neuen, kreativen Fensterdekoration wie verwandelt aus. Der passende Vorhang bzw. die richtige Jalousie kann einem kühlen Raum einen warmen Hauch geben, neue Frische und Farbe verleihen oder eine weniger schöne Aussicht verschleiern. Durch die Wahl der Stoffart kann ein Zimmer warm und gemütlich oder frisch und kühl gestaltet werden. Ein Vorhang kann aus einem einfachen, um eine Stange gewundenen Stück Stoff bestehen oder ein aufwendiges Arrangement aus dickem Samt mit dünnem Kontraststoff sein. Ein glattes Springrollo wirkt betont unauffällig, während ein aufwendig gearbeitetes Faltenrollo als Blickfang dient.

Beim Selbermachen von Vorhängen, Jalousien und Rollos stehen eine große Auswahl herkömmlicher und modischer Stoffe zur Inspiration zur Verfügung. Mit der eigenen Sammlung von Textilmustern in verschiedenen Farben, Mustern und von unterschiedlicher Stoffschwere läßt sich die Wirkung verschiedener Stoffe schon im voraus besser beurteilen. Wolldamast fällt beispielsweise sehr schön und weich und eignet sich deshalb besonders für Gardinen, die bis zum Boden reichen. Man darf auch ruhig verschiedene Stoffarten kombinieren. – Samt kann zusammen mit glänzendem Taft einen herrlichen Kontrast bilden, während sich aus einem festen Baumwollstoff gut moderne Rollos anfertigen lassen. Solange man auf Ausgewogenheit achtet, ist hier fast alles erlaubt!

Ein Fenster ist nicht nur einfach eine Konstruktion aus Holz und Glas. Es bildet auch den Rahmen, durch den die Außenwelt gesehen wird. Der Charakter eines Raums wird stark vom einfallenden Licht bestimmt. Die Größe des Fensters spielt beim Dekorieren eine wichtige Rolle. Dabei ist es ratsam, von den gegebenen Fensterstrukturen auszugehen, anstatt sie abändern zu wollen. Vor dem Anfertigen des Fensterkleides müssen Form und Position des Fensters analysiert werden. Danach können anhand des ersten Kapitels dieses Buchs der Stil, die passende Halterung, die geeignete Oberkante und der richtige Stoff ausgesucht werden. – Man hat die Wahl zwischen massiven Vorhangstangen mit knaufartigen Endstücken und eher schlichten, unauffälligen Gleitschienen; zwischen verschiedenen Aufhängemethoden sowie allen möglichen Verzierungen, zum Beispiel Fransen und Raffhaltern.

Die Grundtechniken zum Anfertigen der Vorhänge und Rollos, die in diesem Buch gezeigt werden, sind im folgenden Kapitel beschrieben. Es wird erläutert, wie man am Fenster Maß nimmt und die benötigte Stoffmenge ermittelt; wie eine Vorhangstange montiert und die Oberkante genäht wird.

Die Dekorationsvorschläge in diesem Buch reichen von eher schlichten bis hin zu üppig verzierten Vorhängen und Rollos und umfassen verschiedene Stilrichtungen und Arbeitstechniken. Die einzelnen Arbeitsvorgänge werden Schritt für Schritt erläutert und sind mit Querverweisen zu den jeweiligen Grundtechniken versehen.

Ich hoffe, daß die Vorschläge und Ideen in diesem Buch die Kreativität anregen und Sie ermutigen, eigene Vorstellungen für schöne Vorhänge und Rollos zu entwickeln. Mit etwas Einfallsreichtum und Nähzeug ist es gar nicht so schwer, ein Fenster in einen Traum zu verwandeln!

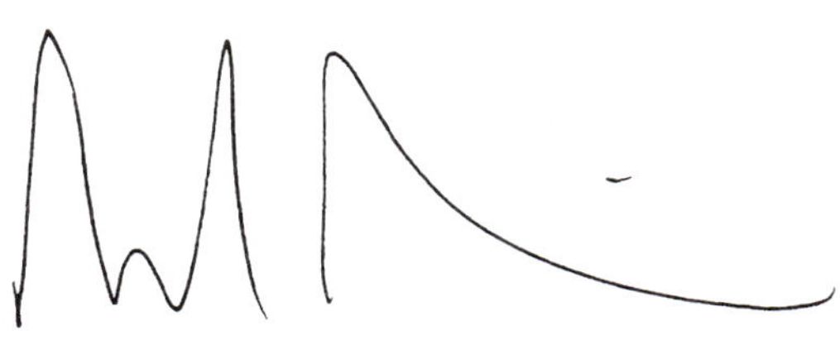

Melanie Paine

Fenstertypen

Fenster sind wichtiger Bestandteil eines jeden Zimmers: Sie sind Lichtspender, stellen architektonische Details dar und bilden den Rahmen zur Wahrnehmung der Außenwelt. Diese Funktionen sollten bei der Dekoration stets berücksichtigt werden. Vor der Wahl eines Vorhangs oder einer Jalousie ist es deshalb wichtig, Form und Größe des Fensters im Vergleich zur Raumgröße zu beurteilen und zu überlegen, ob die Art der Dekoration durch die Position im Raum irgendwie eingeschränkt wird. Die meisten Fensterformen fallen in eine der folgenden Kategorien: hochformatig (höher als breit), querformatig (breiter als hoch) oder quadratisch. Ein Raum kann mehrere Fenster haben, gegebenenfalls in verschiedenen Formen. Am häufigsten kommen hochformatige Fenster vor. Oft sind solche Fenster sehr hoch und können sogar wie Flügelfenster (s. linke Seite) bis zum Boden reichen.

Zwei gleiche Fenster in derselben Wand

Sie sollten einheitlich dekoriert werden: mit zwei Paar Vorhängen, Jalousien bzw. Rollos oder je einem Vorhang, der spiegelgleich an jedem Fenster angebracht wird (s. S. 86).

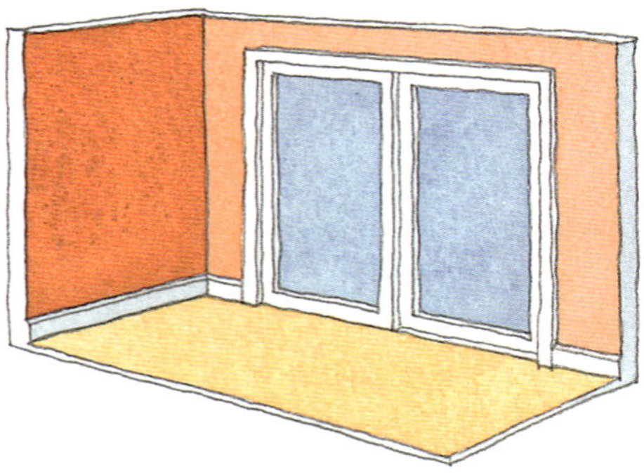

Fenster bzw. Schiebetür nimmt (fast) die gesamte Wandlänge ein

Hier muß genau bedacht werden, wo die Vorhänge beim Öffnen des Fensters bzw. der Tür hingeschoben werden. Wenn auf jeder Seite wenig Platz bleibt, sollten dicke Stoffe oder stark geraffte Oberkanten vermieden werden, da diese sonst ungewollt aufgebauscht wirken.

Zwei verschiedene Fenster nebeneinander

Die Oberkante der Vorhänge bzw. des Rollos des kleineren Fensters sollte auf gleicher Höhe wie die des größeren sein. Es muß abgewogen werden, wie die Vorhänge in geöffnetem und zusammengezogenem Zustand wirken.

Flügeltüren bzw. -fenster

Hier wirken Vorhänge, die beidseitig angebracht werden. Die Position der Vorhangstange muß bei Türen, die sich nach innen öffnen, genau bedacht werden. Es empfiehlt sich, einen schlichten Vorhangstil zu wählen, und die Vorhänge mit Raffhaltern seitlich zu befestigen.

Zwei oder mehrere Fenster im selben Zimmer

Hier ist es angebracht, verschiedene Fensterformen unterschiedlich, aber mit dem gleichen Stoff zu dekorieren. Wenn ein Vorhang eine abgesetzte Borte hat, läßt sich das Konzept auf das Rollo des benachbarten Fensters übertragen. Verbindungen können auch durch gleiche Vorhangstangen oder Raffhalter erzielt werden.

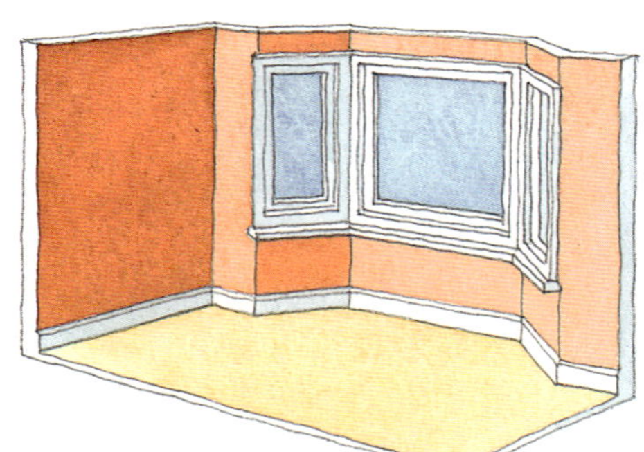

Erkerfenster

In diesem Fall wird üblicherweise eine gebogene Gleitschiene verwendet und mit einer Blende oder einem Querbehang verdeckt (s. S. 76). Man kann aber auch jedes Fenster gesondert dekorieren, zum Beispiel mit einem Rollo oder Faltstore.

Bei hochformatigen Fenstern gibt es die meisten Dekorationsmöglichkeiten. Fast alle Vorhangarten und Jalousien sind hier geeignet. Beispielsweise kann ein Einzelvorhang angebracht werden, der zur Betonung der Fensterform bis zum Boden reicht und mit einem Raffhalter befestigt wird.

Querformatige Fenster reichen von großen Panoramafenstern und Schiebetüren bis hin zu nebeneinander liegenden Dachfenstern und kleinen Flügelfenstern. Beidseitig angebrachte Vorhänge wirken hier meistens gut. Die Oberkante sollte jedoch vergleichsweise einfach gehalten sein, damit die Fenster nicht gedrungen oder wuchtig wirken. Es ist besser, bei sehr breiten Fenstern Jalousien einzusetzen, wenn aufgezogene Vorhänge zu füllig wirken würden.

Quadratische Fenster können winzige, zurückgesetzte Cottagefenster oder große Fenster sein, wie sie in modernen Häusern oft zu finden sind. Im ersten Fall ist es wichtig, daß die Vorhänge nicht zu viel Platz um das Fenster herum verbrauchen; im zweiten Fall soll maximaler Lichteinfall gewährleistet bleiben.

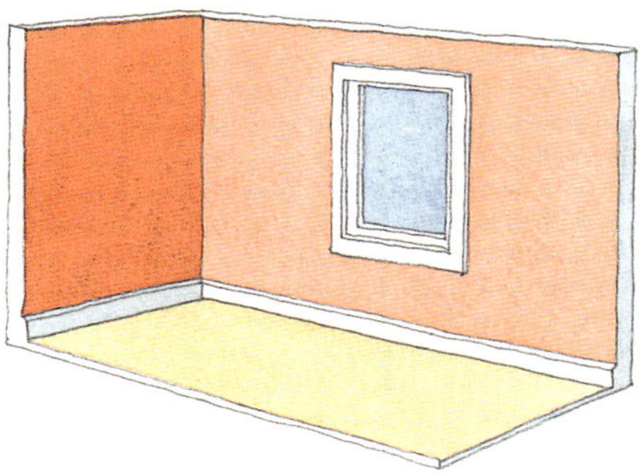

Einzelnes Fenster in der Wand
Hier hat man fast freie Hand, wenn man sich an den Fenstermaßen orientiert. Statt einem Paar Vorhänge kann hier auch ein einziger Dekoschal verwendet und räumliche Ausgewogenheit durch Möbel und Bilder erzielt werden.

Fenster in der Ecke
Dies ist oft der Fall, wenn ein Raum nachträglich abgeteilt wird. Die so entstehende Asymmetrie kann durch einen Dekoschal mit interessanter Oberkante und auffallendem Raffhalter bewußt unterstrichen werden (s. S. 64).

Fenster direkt unter der Decke
Wenn an der Wand kein Platz mehr ist, kann man die Vorhangstange bzw. Schiene mit einer speziellen Deckenhalterung oder an einem mit Stoff bezogenen, gut an der Decke befestigten Brett anbringen.

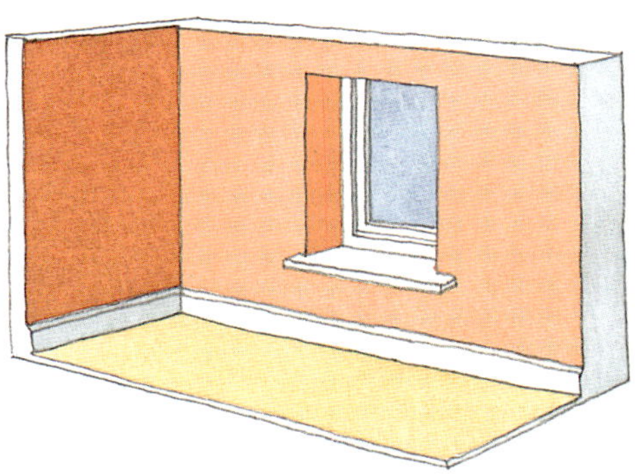

Fenster in einer Nische
Hier ist eine einfache Dekoration erforderlich — gerade Vorhänge an dünnen Stangen oder herausziehbaren Vorrichtungen. Dicke Stoffe blockieren das Fenster und einfallendes Licht. Es empfiehlt sich, die Halterung in der Fensterlaibung anzubringen.

Fenster über der Heizung
In diesem Fall wählt man am besten Vorhänge bzw. Rollos, die bis zum Fensterbrett reichen, oder bodenlange Vorhänge, die den Heizkörper bedecken. Man kann auch einen Vorhang nehmen, der an der Stange auf eine Seite gezogen wird, und ein dickes Dekoseil zum Ausgleich an die andere Seite der Stange hängen.

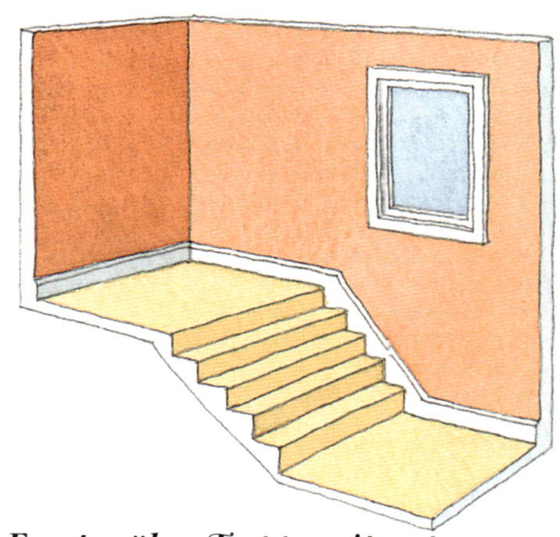

Fenster über Treppe mit unterschiedlichem Abstand zum Boden
Hier ist eine Jalousie oder ein Rollo ideal, doch auch ein Dekoschal mit interessantem Raffhalter oder verziertem Wandhalter ist hervorragend geeignet.

IRATUM
LUDENTEM LASCIVA
OLTUM
PLENA
Formar
nim natura prius NOS
impellit ad iram aut ad humum
MOTUS INTERPRETE LINGUA. POST
, ut scriptor cyclicus olim:
cantabo et nobile bellum.
promissor hiatu?
DULCIA
ET QUOCUMQUE VOL
dentibus adrident, ira
humani voltus. Si vis
vel Peleu
AUT MAND
RIDEB
OLTUM

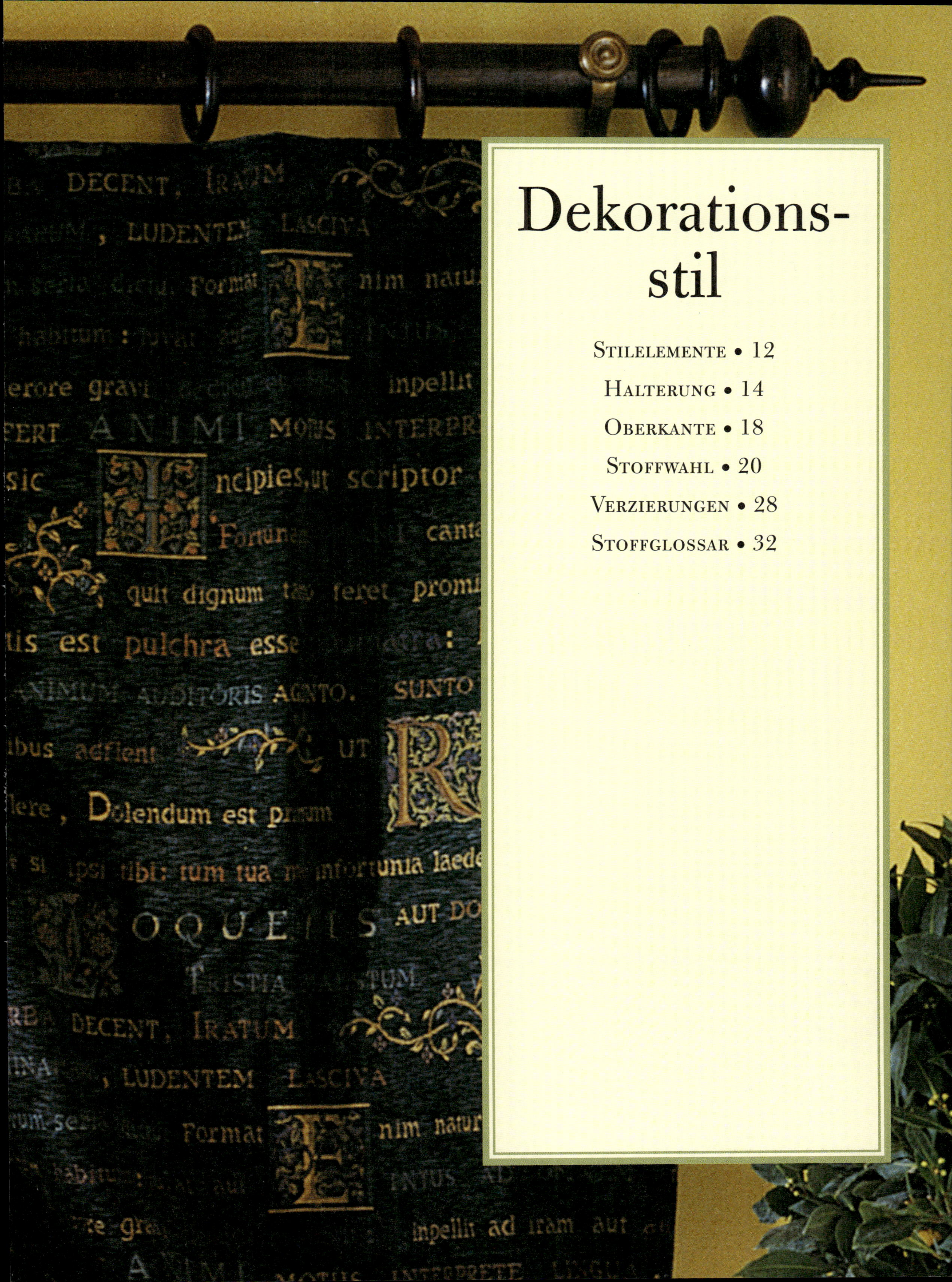

Dekorations-stil

STILELEMENTE

BEI SCHÖNEN VORHÄNGEN UND ROLLOS wird das Gesamtbild von mehreren Elementen zusammen bestimmt. Durch jedes Detail kann das Fensterkleid stilistisch geprägt und interessant gestaltet werden.

Das Wichtigste ist der Stoff: ob nun feiner Musselin; Voile mit leichter, luftiger Wirkung; dicker, warmer Samt; freundlich, üppig wirkender Gobelinstoff oder ein den Raum beherrschender Stoff in leuchtend bunten Farben. Sowohl Textur und Stoffdicke als auch Farbe und Muster sollten bei der Stoffwahl berücksichtigt werden. Es muß erwägt werden, ob der Vorhang bzw. das Rollo mit der Einrichtung verschmelzen oder sich von ihr abheben soll.

Die Gesamtwirkung eines Vorhangs und in geringerem Maß auch eines Rollos wird von der Halterung mitbestimmt. Man hat die Wahl zwischen Wand-, Fenster- und Deckenmontage. Vorhangstangen wirken oft an sich schon dekorativ, besonders zusammen mit Ringen und Endstücken. Daneben gibt es Gleitschienen, die nach Belieben mit einer Zierleiste, Blende, einem Querbehang oder einem an einem Zierhaken befestigten Dekostoff verdeckt werden können. Rollos können an einer Stange angebracht werden; üblich ist jedoch die Montage mit einer Leiste.

Eng damit in Zusammenhang steht als weiteres Element die Art der Oberkante, die den Fall des Vorhangs bestimmt und daher zur Betonung des gewählten Dekorationsstils eingesetzt wird. Für einen schlicht wirkenden Vorhang, der in zugezogenem Zustand glatt hängt, eignet sich ein einfacher Obersaum als Durchzug für die Stange oder eine Reihe aufgenähter Haken, die als Aufhängung für die Ringe dienen. Für fülliger wirkende Vorhänge kann man ein Faltenband mit Zugkordel aufnähen. Durch das Nähen kunstvoller Falten bekommt die Oberkante eine besondere Note, und der Fall des Stoffs kann auf der ganzen Länge bestimmt werden. Der Stoff von Rollos fällt meistens glatt, kann aber zusätzlich von oben nach unten gerafft werden. Die Falten werden in aufgezogenem Zustand besonders hervorgehoben.

Schließlich wird der Fensterstil auch durch zusätzliche Verzierungen beeinflußt. Dabei wird der praktische Verwendungszweck – zum Beispiel von Raffhaltern für Vorhänge oder von Schleifen für Rollos – mit der dekorativen Wirkung kombiniert. Verzierungen verleihen zusätzlich Textur und Akzent, ob es sich nun um Zierstreifen, abgesetzte Bordüren oder Fransen handelt.

Durch den Einsatz der einzelnen Stilelemente wird eine besondere Gesamtwirkung erzielt. Durch verschiedene Kombinationen wird dem Ganzen außerdem eine persönliche Note hinzugefügt. So kann ein kunstvoll verzierter Stoff bewußt an einer einfachen Holzstange mit von Hand angenähten Haken befestigt werden oder ein eher schlichter Stoff mit einer Oberkante aus Gobelin, einer Kordelborte und einer Quaste als Raffhalter ergänzt werden. Das Zusammenspiel der einzelnen Materialien sollte ebenfalls berücksichtigt werden. So wird die Stoffwahl vom Gewicht beeinflußt, das die Vorhangstange tragen kann, und die Wahl der Oberkante vom Fall und Muster des Stoffs.

HALTERUNG

Wenn man sich für die Art der Halterung (s. S. 14–17) entscheidet, müssen sowohl ästhetische Gesichtspunkte als auch der Fenstertyp, der zur Montage verfügbare Platz und die Stoffschwere berücksichtigt werden.

OBERKANTE

Die Stoffoberkante (s. S. 18–19) dient zur Dekoration am Vorhang bzw. Rollo und bestimmt den Fall des Stoffs. Die Oberkante kann das Stoffmuster zusätzlich hervorheben oder einem schlichten Vorhang eine besondere Note verleihen.

Eine außergewöhnliche Lösung
Hier wird durch die Dekoration verdeutlicht, wie verschiedene Stilelemente kombiniert wirken. In diesem ungewöhnlichen Szenario wurden die Vorhänge auf halber Höhe der riesigen Fenster angebracht. Zur Montage wurde eine einfache, fast unsichtbare Drahtseilverspannung verwendet, die den Blick aus dem Fenster nicht stört. In die Oberkante wurde für die Halterung eine Reihe Ösen eingestanzt. Die Vorhänge bestehen aus ungefüttertem, leichtem Stoff, den das Drahtseil gut tragen kann.

STOFFWAHL

Die Stoffart (s. S. 20–27) hat den größten Einfluß auf die Gesamtwirkung. Ob schwerer, leichter, freundlich oder kühl wirkender, fein oder auffallend strukturierter Stoff, stets muß man beachten, daß die Oberkante zum Stoff paßt und die Halterung stark genug ist.

VERZIERUNGEN

Verzierungen und Posamenten – Schleifen, Quasten, Kordeln, Fransen (s. S. 28–31) – sind nicht nur praktisch als Befestigung, sondern verleihen der Fensterdekoration auch eine besondere Note.

Halterung

Zum Aufhängen von Vorhängen erweisen sich Vorhangstangen als ästhetischste Lösung. Sie können an der Wand, in der Fensterlaibung oder mit Spezialhaltern (s. S. 52) an der Decke befestigt werden. Bei Vorhängen, deren Aufhängung mit Ringen an einer Stange sichtbar ist, spielen die Ringe und die Stange für das Gesamtbild eine wichtige Rolle.

Es können auch Gleitschienen verwendet werden, die eher funktionalen als dekorativen Wert haben. Sie können sichtbar montiert sein, werden aber meistens von einer verkleideten Holzleiste und Blende verdeckt. Die Leiste wird in der Regel im rechten Winkel zur Wand oder Fensterlaibung befestigt und von Konsolen gestützt. Die Blende ist meist aus dünnem Sperrholz gefertigt, das vor der Schiene

Vorhangstange

Bei der einfachsten Montageart ruht die Stange auf einer an der Wand befestigten Halterung. Kleine Schrauben werden zur Sicherung von vorn durch den Wandhalter in die Vorhangstange gedreht (Montageanleitung s. S. 52)

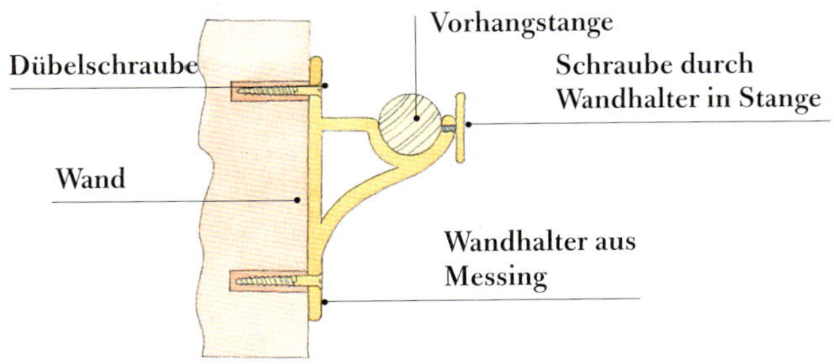

Unverdeckte Gleitschiene

Gleitschienen werden aus Plastik oder Metall hergestellt, wobei Metallschienen stabiler sind. Die Einpassung von Schienen in Rundungen überläßt man am besten dem Fachmann. Bei Eigenmontage müssen die Anweisungen – von Fabrikat zu Fabrikat verschieden – genau befolgt werden (s. auch S. 53).

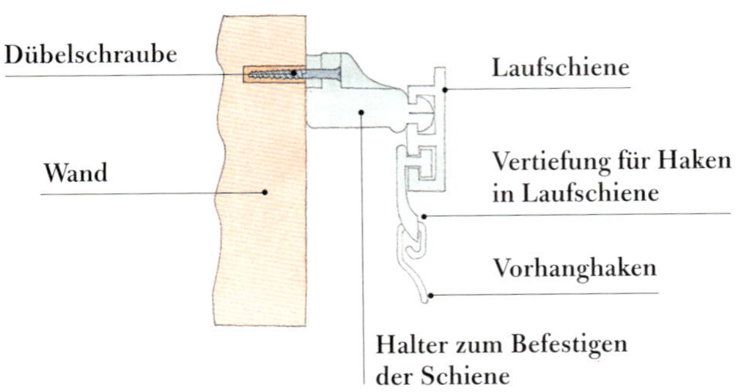

Vorhangstange an der Decke montiert
Diese Vorhänge haben einen geraden Schnitt. Die Messingstange wurde mit langen Haltern an dicken Deckenbalken befestigt. Deckenmontage eignet sich, wenn die Halter sich besser an Holz statt an der Wand anbringen lassen.

Verdeckte Gleitschiene
Oft werden Gleitschienen verdeckt; manchmal „verschwindet" eine dünne, weiße Metall- oder Plastikschiene auch von selbst im Fensterrahmen oder in einer Nische. Die Schiene in diesem Bild ist kaum sichtbar und stört die Wirkung des Vorhangs nicht.

angebracht wird. Manche Schienen sind mit Zugvorrichtungen ausgestattet, wodurch unnötiges Anfassen – vor allem von hellen und feinen Vorhangstoffen – vermieden wird. Gleitschienen sind praktisch, wenn für eine Stange nicht genug Platz zwischen Fenster und Decke besteht. Bei Erker- und Bogenfenstern können Schienen den Gegebenheiten genau angepaßt werden. Die Anpassung, die sich mitunter schwierig gestalten kann, sollte man am besten einem Fachmann überlassen.

Sowohl Vorhangstangen als auch Schienen müssen bei schweren bzw. langen Vorhängen einiges an Gewicht halten und sind höchstens so belastbar wie die Fläche, an der sie befestigt werden. Bei schwachen oder ungeraden Wänden ist die Anbringung der Winkelkonsolen an der stabileren Fensterlaibung besser. Deckenmontage ist nur sinnvoll, wenn die Halterung an Holzbalken befestigt wird.

Rollos können an einer Stange montiert werden, wenn sie einen Durchzug am Obersaum haben, oder mit Zierclips angeklemmt werden. Im allgemeinen werden Rollos an einer Leiste befestigt und mit Winkeln an die Wand geschraubt. Bei Platzmangel kann die Oberleiste auch direkt mit Schrauben an der Decke befestigt werden.

VERDECKTE SCHIENE

Gleitschienen lassen sich mit einer Holzleiste und Blende verbergen. Die Leiste soll etwa 5 x 2,5 cm stark sein und im rechten Winkel zur Wand befestigt werden. Eine dünne Sperrholzblende wird vor der Leiste angebracht, die Schiene unter die Leiste geschraubt. Die Blende muß die Schiene verdecken; die Gleithaken sollen leicht beweglich bleiben.

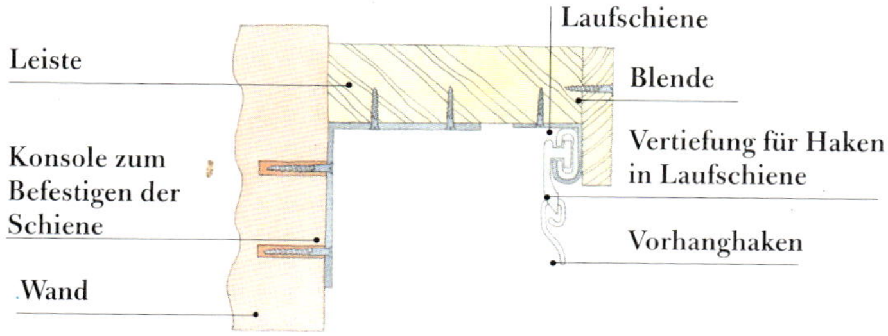

LEISTE FÜR SCHIENE

Eine Holzleiste wird zur Befestigung der Schiene an die Decke geschraubt oder mit Winkelkonsolen an der Wand befestigt. Die Leiste ist mit passendem Stoff überzogen und wirkt daher betont unauffällig (Anleitungen für Überzug und zum Sichern von Leisten s. S. 55–57).

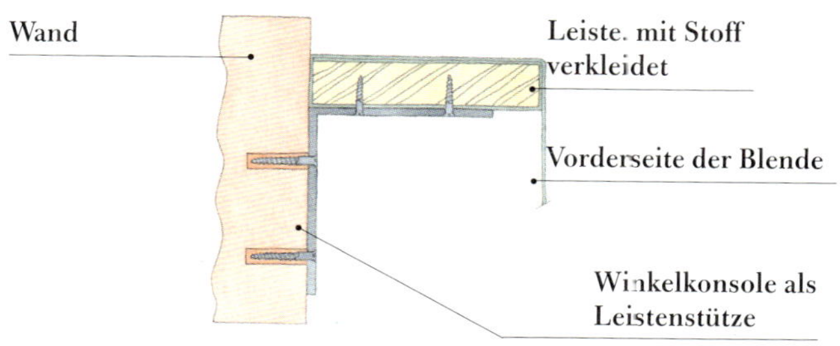

Schiene mit Leiste und Blende
Hier wird die Vorhangschiene von einer mit Stoff bezogenen Leiste und Blende verdeckt. Eine Schiene bietet sich hier an, da wenig Raum über dem Fenster für eine Vorhangstange bleibt.

Blende vor Schienenleiste
Schienen haben den Vorteil, daß sie leicht verdeckt werden können. Das Rollo erscheint als einfache Stoffbahn ohne Konsolen und Stange. Hier wird die Leiste von Winkeln gestützt, die am Fensterrahmen angebracht sind.

Vorhangstangen und Zubehör

Schmiedeeiserne Stange und Endstück in einem

Chromstange mit passendem Endstück

Stange aus dunklem Holz mit Endstück

Lackierte Holzstange mit Endstück

Dicke Messingstange mit dekorativem Endstück

Dünne Messingstange mit Lilie als Endstück

Es gibt die verschiedensten Arten von Vorhangstangen: So gibt es gibt glänzende und matt lackierte Holzstangen, vernickelte, schmiedeeiserne und antik messingene, lustig oder förmlich aussehende, hand- oder maschinell gefertigte, geschnitzte, vergoldete und sogar „tapezierte" Vorhangstangen.

Vorhangstangen werden von dicken Holzhaltern oder dünnen Messingwinkeln gestützt. Für Stangen, die in einer Nische oder an einer angrenzenden Wand befestigt werden, gibt es spezielle, passend aus Holz oder Metall gefertigte Stücke, die am Ende der Stange aufgesetzt werden.

Endstücke werden am Stangenende aufgesteckt. Sie dienen zur Zierde, verhindern aber auch ganz praktisch das

Vorhangstangen
Die Vorhangstange sollte genauso sorgfältig gewählt werden wie der Vorhang bzw. das Rollo selbst. Man darf dabei ruhig Metall und Holz oder verschiedene Holztöne kombinieren. Eine besonders schöne Vorhangstange sollte auch nach Anbringen des Vorhangs gut sichtbar sein.

Endstücke
Viele Vorhangstangen haben passende Endstücke, und manchmal sind Stange und Endstück direkt aus einem Stück. Man kann aber auch mit unterschiedlichen Endstücken experimentieren, je nachdem ob die Wirkung schlicht oder üppiger sein soll.

VORHANGRINGE

Messingring | **Holzring** | **Eisenring** | **lackierter Ring**

Herunterrutschen des Vorhangs. Wenn die Vorhangstange an einer Seite auf eine Wand trifft, wird dort kein Endstück benötigt. Endstücke sind sehr dekorativ und verleihen dem Fensterkleid oft eine ganz besondere Note.

Aufhängung von Vorhängen oder Rollos

Vorhänge werden meistens an Ringen aufgehängt. Im allgemeinen werden Vorhangstangen im Handel mit den passenden Ringen angeboten. Natürlich kann man trotzdem mit verschiedenen Ringen experimentieren, wobei die Ringe im Durchmesser jedoch mindestens 1,25 cm größer als die Stange sein sollten.

Alternativ dazu kann die Stoffoberkante durch eingestanzte Chrom- oder Messingösen besonders hervorgehoben werden. Sehr dekorativ wirken Bänder, Schleifen oder Stoffriegel, die in regelmäßigen Abständen an die Oberkante genäht werden. Sie können aus dem gleichen Stoff wie der Vorhang oder farblich bzw. durch das Muster abgesetzt sein. Stoffriegel werden um die Stange gelegt und mit einem Knopf bzw. Druckknopf am Vorhang befestigt.

Es ist möglich, die Stoffoberkante umzunähen und die Vorhangstange direkt durch den Saum zu schieben. In diesem Fall sind nur die Endstücke der Stange sichtbar.

Daneben können auch Clips verwendet werden, die an die Oberkante geklemmt werden und die Vorhangstange umschließen. Es gibt alle möglichen Arten von Clips, angefangen bei Messing- bis hin zu Bronze- und lackierten Metallclips. Vorhänge, die mit Clips oder Saumdurchzug aufgehängt werden, lassen sich nicht gut zur Seite ziehen und sollten aus leichtem, durchscheinendem Stoff sein.

Gedrehte Eisenhaken
Diese kunstvoll gedrehten Eisenhaken sind zugleich auch Ringe. Sie kommen durch die Schlichtheit der blanken Metallstange und der Ösen im Stoff besonders zur Geltung.

SONSTIGE BEFESTIGUNGEN

Öse und Kordel **Knoten** **Riegel mit Knopf** **Zierclip**

Oberkante

Die Oberkante ist der Teil des Fensterkleids, der horizontal an der Stoffoberseite verläuft und wesentlichen Einfluß darauf hat, wie ein Stoff fällt und am Fenster wirkt. Bei den meisten Vorhängen ist der Stoff breiter als das Fenster. Wie sich diese Stoffülle verteilt, hängt davon ab, wie die Stoffoberkante verarbeitet wird.

Die Oberkante kann so genäht sein, daß der Stoff ganz einfach in Bahnen und glatt herunterhängt. In diesem Fall verwendet man den Saum als Stangendurchzug oder näht Haken bzw. Schleifen zur Befestigung der Ringe an.

Um Falten zu legen, näht man ein spezielles Faltenband an die glattgezogene Oberkante. Durch Ziehen an den in

Förmlich wirkende Falten
Raffinierte, cremefarbene Vorhänge mit Dreifachfalten sind für die schlichte Eleganz des Raums genau das Richtige. Die an der Oberkante in regelmäßigen Abständen eingenähten Faltengruppen bestimmen den exakten Fall des Stoffs. Bei Dreifachfalten sehen Schienen und Stangen sehr gut aus.

Saum-/Futteraldurchzug
Ist einfach zu nähen (s.S.48) und eignet sich für Rollos und kurze bzw. leichte Vorhänge, die nicht auf- und zugeschoben werden.

Kelchfalten
Wirken eindrucksvoll und förmlich (s. S. 51) und eignen sich besonders für lange Vorhänge und kräftige, schwere Stoffe.

Kräuselfalten
Lassen sich mit 2,5 cm breitem Faltenband herstellen (s.S.49) und eignen sich für kurze, gemütlich wirkende und lange, bauschige Vorhänge.

Kellerfalten
Sehen ordentlich und strukturiert aus (s.S.51) und eignen sich besonders für steife, dünne Stoffe, weniger für dicke und weiche.

das Band eingearbeiteten Zugfäden erhält man dann die gewünschte Vorhangbreite. Die beliebtesten Maße bei Faltenband sind 2,5 cm für eine einfache Kräuselung und „abstehende“ Oberkante oberhalb des Faltenbands sowie 7,5 cm für schmale Bleistiftfalten.

Es gibt spezielles Faltenband für Dreifachfalten, Kelchfalten und sogar für Kellerfalten. Die Falten sehen jedoch schöner aus, und die Drapierung ist besser, wenn die Falten von Hand genäht werden. Das trifft besonders auf Vorhänge mit sichtbarer Oberkante zu.

Wenn man entscheidet, wie die Oberkante genäht werden soll, muß auch die Stoffart und Einrichtung des Zimmers berücksichtigt werden. Helle Leinenvorhänge mit streng wirkenden Dreifachfalten würden in einer Mansardenwohnung weniger gut wirken. Bei schweren, klassischen Brokatvorhängen wäre ein Futteraldurchzug für die Stange nicht angebracht. Dennoch ist es wichtig, verschiedene Kombinationen auszuprobieren und neue Lösungen zu finden. Seidendurchwobener Taft kann zum Beispiel mit dicken Ösen in der Oberkante hervorragend zur Geltung kommen, genauso wie dunkle Samtvorhänge mit Riegelaufhängung in kräftigen, hellen Farben.

Bei Rollos kann die Oberkante weniger variiert werden. Der Stoff hängt glatt in einer Bahn herunter, ob er nun mit einer Stange oder Leiste aufgehängt wird. Bei Rollos spielt der Faltenwurf beim Hochziehen eine größere Rolle als die Falten, die durch die Oberkante bewirkt werden können. Je nach Art der Schnurbedienung (s. S. 54) faltet sich die Jalousie bzw. das Rollo beim Hochziehen anders; bei manchen Rollos wird die untere Kante beim Hochziehen sogar bogenförmig.

Futteraldurchzug
Die Oberkante des Stoffs wird doppelt umgelegt und zweimal parallel abgesteppt. Es entsteht ein Futteral bzw. Saum, durch den die Stange geschoben wird. Vorhänge mit Futteral- bzw. Saumdurchzug lassen sich nur ein Stück weit aufziehen. Zugezogen fällt der Stoff in geraden Bahnen oder wirft bei größerer Stoffülle, wie im Bild, leicht Falten.

Bleistiftfalten
Werden mit einem 7,5 cm dicken Faltenband erzielt (s. S. 48) und wirken am besten bei einem Querbehang oder Dekoschal.

Angenähte Haken
Wirken bei den meisten Stoffen und erzeugen einen einfachen Faltenfall (s. S. 49). Sie können sichtbar oder verdeckt hinter der Oberkante angebracht sein.

Dreifachfalten
Wirken förmlich und bestehen jeweils aus drei Falten (s. S. 50). Sie sind am besten für bodenlange Vorhänge geeignet.

Ösen
Lassen sich leicht einstanzen und vernieten (s. S. 49). Vorhänge und Rollos wirken dadurch attraktiv und natürlich.

Stoffwahl

Schwer oder leicht

Farbe und Textur eines Stoffs bestimmen den Stil und die Wirkung eines Interieurs. Leichte Stoffe können einen verspielten Eindruck machen, während schwerere seriös und großartig wirken. So ist ein farbenfroh gemusterter Gobelin schwer und weist üblicherweise dunkle Farbtöne auf. Gobelinvorhänge dominieren einen Raum, während Accessoires und Einrichtungsgegenstände in der Wirkung nachziehen. Im Gegensatz dazu verleiht zarte, helle Seide oder helles Leinen eine Luftigkeit, die auf den gesamten Raum übertragen wird. So wird Helligkeit durch blasse, neutrale Wände und Einrichtungsgegenstände betont. Eine kräftig dunkelrote Wand hebt hingegen die Zartheit und Anmut heller Stoffe hervor.

Viele Webstoffe zählen zu den schweren Stoffen, vor allem solche mit eingewebtem Muster, wie zum Beispiel Brokat. Wollfaser gehört zu den schwersten Textilfasern und ergibt daher schweren Stoff. Es gibt schwere, dicht gewebte Baumwollstoffe und solche, wie Spitzen oder Musselin, die aufgrund ihrer lockeren, dünnen Gewebebindung federleicht sind. Seide ist meist ein leichter Stoff mit feiner Gewebebindung. Schwere, stark strukturierte Stoffe wie Gobelin und Damast müssen mit kräftigen Stoffen umsäumt werden und insgesamt der Einrichtung entspre-

Luftig und duftig
Die anmutigen Falten des weißen Musselinstoffs bedecken das ganze Fenster, das sich über die gesamte Wandseite erstreckt. Die Gardine schützt vor direkter Sonne, läßt aber trotzdem das Licht ein, so daß der Raum luftig wirkt.

Leichte Stoffe

Das zarte Blumenmuster auf diesem Baumwollstoff wirkt sehr anmutig.

Durch die helle Grundfarbe wirkt dieser gestreifte Baumwollstoff insgesamt heller. Er kann allein oder als Futterstoff eingesetzt werden.

Die Kurven und Linien des silberfarbenen Musters lassen den Baumwollstoff leicht und anmutig wirken.

Dieser zarte Spitzenstoff mit Blattmotiv ist aufgrund seiner lockeren Gewebebindung transparent.

Das blasse Grundmuster verleiht diesem bedruckten Baumwollstoff zusätzlich etwas Leichtes und Helles.

chen. Bei schweren Vorhängen eignen sich bemalte oder dicke Endstücke aus Holz und antike Messingblenden zur Verzierung oben und schwere Quasten oder Fransen für die Seiten. Schwere Stoffe brauchen eine starke Aufhängung; Wände und Laibung müssen schwere Stangen bzw. Schienen halten können.

Zur Beachtung

- Sehr dünne Stoffe ohne Webkante, wie Musselin und Spitzen, lassen das Licht durchscheinen und schützen trotzdem vor direktem Sonnenlicht. Sie werden allein oder kombiniert mit dickeren Übergardinen bzw. einer Jalousie verwendet.
- Spitzenvorhänge wirken am besten, wenn sie glatt an einer dünnen Stange aufgehängt werden. Um einen besonderen Lichteffekt zu erzielen, kann man Gewebe wie Spitzen und Voile mit dunklerem Futterstoff absetzen.
- Ein schwerer Stoff wirkt wärmer und schützt vor Licht und Luftzug. Einige schwere Stoffe wie Gobelin und Gewebe aus Wolle und Chenille sind dick und aufgrund der Gewebebindung recht steif. Sie eignen sich hervorragend für Rollos oder glatt hängende Vorhänge, sollten aber nicht für Vorhänge mit gefältelten Oberkanten und starker Kräuselung verwendet werden. Samt hingegen ist trotz seiner Dicke sehr weich und eignet sich gut zum Kräuseln.

Schwer und prächtig
Die schweren Stoffe für diese Vorhänge und das Rollo wirken warm und luxuriös. Im Schlafzimmer halten sie auch die hellsten Sonnenstrahlen ab und schaffen an kalten Wintertagen eine gemütliche Atmosphäre.

SCHWERE STOFFE

Ein schwerer, 30 cm breit gewebter Gobelinstoff eignet sich gut zur Einfassung von einfarbigen Stoffen.

Die gerippte Oberfläche dieses gestreiften und gemusterten Baumwollstoffs trägt zu seiner Steifheit bei. Der Stoff eignet sich gut für Bordüren und Vorhänge bzw. Rollos.

Dieser kräftige Brokatstoff fällt trotz seiner Schwere sehr schön und eignet sich hervorragend für Vorhänge.

Die Oberfläche dieses Wollstoffs mit Goldmuster ist leicht abgesetzt. Der Stoff kann beidseitig verwendet werden.

Das interessante Muster dieses schweren Seidendamasts kommt bei großen Flächen erst richtig zur Geltung.

Einfarbig oder gemustert

Bei einfarbigen sowie gemusterten Stoffen gibt es viele Stilvarianten. Bei einfarbigen Stoffen ist die Stofftextur besonders wichtig. Samt zum Beispiel oder Sackleinen, Seide und grobbindige Baumwolle haben alle eine besondere Oberflächenstruktur, die dem Stoff eine eigene Note gibt und das Zusammenspiel mit dem Licht bestimmt. Naturfaserstoffe, zum Beispiel Baumwolle, wirken einfach und frisch; Wolle und Samt können einen Raum warm und feudal erscheinen lassen; Seide hingegen wirkt vornehm und elegant. Bei gemusterten Stoffen ist das Design und dessen Größe bestimmend. Blumenmotive verleihen einem Raum einen legeren, ländlichen Eindruck; breit gestreifte Muster wirken klassisch und elegant.

Harmonie und Kontrast

Bei der Stoffauswahl muß immer die gesamte Raumausstattung in Betracht gezogen werden. Unifarbene Stoffe können bewußt eingesetzt werden, um zusammen mit einfarbigen Wänden und Böden eine spartanische Wirkung zu erzeugen. Gemusterte Tapeten oder Bilder sorgen hingegen für mehr Abwechslung.

Bei gemusterten Stoffen ist es wichtig, Ausgewogenheit zu erzielen. Gemusterte Stoffe können mit einfarbigen kombiniert werden, um nach Belieben Harmonie oder Kontrast zu betonen. Eine dunkelbraune Borte bricht beispielsweise die Strenge eines schwarzweißen Musters. Es ist durchaus möglich, verschieden gemusterte Stoffe zu kombinieren, vorausgesetzt, es besteht eine eindeutige farbliche Verbindung. So kann eine Borte aus fröhlichem, geblümtem Stoff als Verzierung eines strengen Streifenmusters dienen. Die Kombination muß stimmen!

Natürliche Einfachheit
Blasse, cremefarbene Flächen harmonieren mit dem einfallenden Licht und geben dem eleganten Raum eine natürliche, ruhige Atmosphäre. Die streng geometrischen Fenster bilden einen Kontrast zu den schlichten, neutralen Stoffüberzügen und Rollos. Der Effekt beruht auf Licht, Schatten und Formen.

EINFARBIGE STOFFE

Dieser robuste, rote Baumwollstoff mit Köperbindung ist zwar einfarbig, aber von kräftiger Textur. Er fällt sehr schön.

Dieser einfarbig grüne Samtstoff ist eher matt als glänzend, zieht aber genug Licht an, um farblich kräftig zu wirken.

Das eingewebte Motiv aus glatten und abgesetzten Flächen erzeugt ein feines Muster, das den Stoff einfarbig wirken läßt.

Dieser Chenillestoff bekommt durch das kleine Goldmuster eine besondere Wirkung. Er fällt sehr schön und eignet sich für Kanten.

Aus der Ferne wirkt dieser Stoff einfarbig; beim näheren Hinsehen kommt das kleine Karomuster gut zur Geltung.

Zur Beachtung

• Bei einfarbigen oder kleingemusterten Stoffen müssen die Stoffeigenschaften genau bedacht werden. Da das Muster keine Rolle spielt, fällt das Augenmerk direkt auf die Beschaffenheit des Stoffs. Der Faltenwurf trägt besonders zum Effekt bei.

• Bei Verwendung einfarbiger Stoffe für ein großes Fenster sollten Primärfarben und ähnliche Farbtöne vermieden werden, da sie zu aufdringlich wirken.

• Für kleine Fenster sollten besser keine Stoffe mit großem Muster verwendet werden, wenn aus Platzgründen nie das ganze Design gesehen werden kann. Umgekehrt muß bedacht werden, daß kleingemusterte Stoffe an großen Fenstern aus der Ferne uni wirken.

• Die Oberkante muß bei gemusterten Stoffen besonders bedacht werden. Ein kunstvoller Musterstoff wirkt möglicherweise gar nicht. Grundsätzlich sollte gelten: Je ausgeprägter das Muster, desto schlichter die Oberkante.

Legerer Baumwollstoff
Der ungezwungene, ländliche Stil dieser Küche wird von dem klassisch blauweiß-karierten Vorhangstoff ergänzt. Der Kissenbezug aus dem gleichen Stoff trägt zusätzlich zur Harmonie bei.

GEMUSTERTE STOFFE

Dieser französische Toile de Jouy aus Leinenstoff ist mit einem schönen Muster in weichen Farbtönen bedruckt.

Das Motiv dieses dicken, schweren Baumwollstoffs fällt sofort ins Auge und hebt sich von jeder Dekoration ab.

Dieser interessante Stoff mit architektonischen Motiven wirkt glatt am besten, wenn das Muster voll zum Ausdruck kommt.

Das lebendige Muster dieses Chintzstoffs kann für Vorhänge mit oder ohne Falten verwendet werden. Der Stoff fällt sehr schön.

Dieser klassisch blau und rot gestreifte, kräftige Wollstoff mit dünnen, gelben Streifen verleiht jedem Raum eine besondere Note.

Warm oder kühl

Der Farbton entscheidet, ob ein Gewebe warm oder kühl wirkt. Es gibt auch „warme" Blauttöne und „kalte" Rottöne, doch wird ein blauweiß gestreifter Stoff in der Regel kühler aussehen und wirken als ein rotweiß gestreifter. Die Textur hat ebenso Einfluß auf die Wirkung. Manche Blautöne wirken bei matt schimmernden Geweben warm, während glänzende Stoffe in leuchtenden Farben kühl wirken. Erdfarben wie Ocker, Terrakotta, Olivgrün und Burgunderrot vermitteln Wärme und Behaglichkeit. Sie sind für die Augen angenehm und passen sich farblich an die übrige Einrichtung und Ausstattung an. Grelles Gelb und grasiges Grün wirken eher kühl und dominant. Sorgsames Abwägen ist erforderlich; am besten verwendet man hier Qualitätsstoffe.

Farbkombinationen

Farben beeinflussen einander in ihrer Wirkung, wenn sie kombiniert werden. Ein leuchtend roter Vorhang wirkt mit einem marineblauen Band bedeutend kühler; durch Türkis oder Kobaltblau wird diese Wirkung noch verstärkt. Kalte Farben, wie kräftiges Hellgrün und Indigo, wirken kombiniert wärmer – auch wenn grün und blau sich angeblich „beißen".

Bei Farbkombinationen ist Ausgewogenheit der Schlüssel zum Erfolg. Der Effekt einer Kombination kräftig leuch-

Freundliche Fülle
Hier ist das Interieur durchweg geschmackvoll ausgestattet und strahlt Wärme und Fülle aus. Kräftige Rot- und Goldtöne und warme Ockertöne dominieren und wirken trotz der kühleren Farben des Teppichs farbenfroh und prächtig. Das an sich schon sehr warme Rot des Vorhangs wird von dem durch das Fenster einfallenden Licht noch intensiviert.

WARME STOFFE

In diesem gerippten Baumwollgewebe sind die warmen Erdfarben Ocker und Terrakotta miteinander kombiniert.

Der beigebraune Stoffgrund dämpft die kräftigen Rot- und Gelbtöne dieses üppig gestalteten Chintzstoffs.

Der rostrote Untergrund verleiht diesem Baumwollstoff mit türkischem Muster Wärme.

Die Kombination von kräftigen Farben und weicher Textur lassen dieses Brokatgewebe warm wirken.

Die dottergelbe Farbe macht diesen Wolldamast warm und sehr freundlich.

tender Farben kann faszinierend sein, doch müssen die Farben sorgfältig abgestimmt werden, um nicht überwältigend zu wirken.

Grelle Farben wirken bei kleineren Flächen am besten. Ein Vorhang in einer leuchtenden Primärfarbe in einem schwarzweiß dekorierten Raum kann sehr effektvoll sein.

Kühle Karos

Dieser geschwungene, leuchtend blauweiß karierte Stoff vor dem hellen Erkerfenster wirkt sehr frisch und schützt vor Sonne und Hitze. Das blaue Band an der Oberkante verstärkt die kühle Wirkung des Stoffs und definiert die Rundung des Fensters.

Interessant wirken auch bestimmte Farbpaare, zum Beispiel warmes Gelb und kühles Marineblau; Beigebraun und kräftiges Burgunderrot. Durch Farbe kann eine Verbindung zwischen verschiedenartigen Stoffen hergestellt werden. Dicker, schwerer Samt und glänzender, karierter Taft passen durchaus zusammen, wenn sie farblich verknüpft sind. Oft genügt zur Kombination von Stoffarten schon ein dünner Streifen einer gemeinsamen Farbe.

Zur Beachtung

- Vorhänge aus kühlem, weißem Spitzen- und Leinenstoff wirken mit Raffhaltern aus hellbrauner Jute und einer kräftig roten Mahagoniestange gleich wärmer.
- Durch Stoffe in leuchtenden, reflektierenden Farben wirken dunkle Räume wärmer und lebendiger.
- Manche Farben, zum Beispiel Gelbgrün und Zitronengelb, können sowohl kalt als auch warm sein. Ihre Wirkung wird von den übrigen Farben im Raum bestimmt.
- Die Wahl der Stoffart beeinflußt die Gesamtwirkung eines Raums. Ein steifer, weißer Baumwollstoff und weißgetünchte Wände vermitteln das Gefühl und den Anschein von Kühle. Ein cremefarbener Stoff statt leuchtendem Weiß läßt den ganzen Raum wärmer erscheinen.
- Die Wirkung eines Stoffs wird vom Licht beeinflußt. Bei der Stoffwahl sollte man daher bedenken, daß ein Stoff bei Sonnenlicht anders aussieht als bei Kunstlicht.

KÜHLE STOFFE

Dieser kühle, feste Popelinstoff fällt sehr schön, sieht aber auch mit Falten oder an einem Rollo gut aus.

Baumwollstoff mit klassischem blauweißem Karomuster eignet sich für fast alle Vorhangarten, Rollos und Bordüren.

Der mit blauen Tulpen bedruckte Seidenstoff wirkt am besten bei bodenlangen Vorhängen mit einfacher Kräuselung.

Dieser blauschwarze Samtstoff eignet sich für schwere Vorhänge mit großen Falten.

Fester Baumwollstoff mit kühlem blaurotem Muster macht sich gut bei glatten Vorhängen und Faltenrollos.

Dezent oder dramatisch

Dezente Stoffe haben eine schlichte Eleganz und harmonieren unauffällig mit dem Interieur. Stoffe mit dezenten Mustern und Farben müssen gut abgestimmt werden. So kann die Kombination verschiedener weißer, beiger und beigebrauner Stoffe ein hübsches Fensterkleid ergeben, wenn die Ausstattung insgesamt dezent und unaufdringlich ist. Muster in verschiedenen Weißtönen sind attraktiv und lassen sich gut mit anderen dezenten Stoffen kombinieren. Beispielsweise kann ein Rollo aus weißem Baumwollstoff mit cremefarbenem Motiv und einer beigebraun und weiß gestreiften Einfassung an einer weißmelierten Stange montiert sein.

Stoffe, die sofort ins Auge fallen, lassen ein Interieur faszinierend wirken. – In einem Raum mit einem Fenster, weißen Wänden und blanken Dielen zieht ein rosafarbener Samtvorhang die ganze Aufmerksamkeit auf sich.

Dezent und leger
Das Geheimnis dieses Interieurs liegt in der Harmonie und Symmetrie, die durch den unaufdringlichen, aber gezielten Einsatz von Form und Farbe erreicht werden. Die Vorhänge verschmelzen farblich mit den Wänden. Die Rollos haben vor allem praktischen Wert und bilden einen unauffälligen Teil der Innenausstattung des Raums.

DEZENT GEMUSTERTE STOFFE

Bei diesem weichen, wollenen Tweedstoff werden gedämpftes Grau und Blau mit Rot- und Ockertönen im Karomuster kombiniert.

Dieses leichte, durchscheinende Baumwollgewebe hat kaum sichtbare, eingewebte Streifen.

Kleine Karos verleihen diesem festen, weißen Baumwollstoff ein dezentes Muster und zarte Textur.

Dieser Stoff ist aus zwei nahe beieinander-liegenden Farbtönen gewoben, was ein dezentes Muster ergibt.

Dieser Baumwollstoff mit schwarzen und beigen Streifen ist weich und fällt sehr gut.

Viele Stoffe fallen durch kühne Farbkombinationen auf, so zum Beispiel leuchtendes Orange, das mit Aquamarin und Pink kombiniert wird. Solche Stoffe eignen sich für Rollos und Vorhänge mit Clips oder angenähten Haken als Aufhängung. Bei Vorhängen oder Rollos können Kontraste zwischen den einzelnen Flächen, der Textur und den Farben bemerkenswerte Kombinationen hervorbringen. Dazu sollten neben leuchtend glänzenden auch matte Stoffe verwendet werden.

Zur Beachtung

- Kräftige Farben und auffallende Muster können durch ruhigere, dezentere Farben und Muster ausgeglichen werden. „Dezenz und Dramatik“ sollten sich stets die Waage halten und extreme Kombinationen vermieden werden, da sie übertrieben wirken.
- Große, auffallende Muster eignen sich nicht für kleine Fenster; die Wirkung des Stoffmusters geht verloren.
- Für die Raumdekoration mit auffallenden Stoffen, deren Wirkung oder Muster dominant sein könnten, empfiehlt es sich, anhand möglichst großer Stoffmuster auszuwählen. Diese werden gegen das Fenster gehalten, so daß Farbe und Muster möglichst aus der Ferne beurteilt werden können. Große Flächen wirken oft ganz anders als kleine Muster.
- Die Dekoration und Ausstattung aneinandergrenzender Räume sollte nicht gesondert geplant werden. Besonders bei Räumen, die sich zum Flur oder Treppenhaus hin öffnen, ist das Zusammenspiel dezenter und auffallender Elemente wesentlich.
- Auffallende Stoffe sind an sich schon effektvoll; durch eine komplizierte Anordnung verlieren sie an Wirkung.
- Stoffe mit kühnen, kräftigen Mustern lassen sich kombinieren, wenn es farbliche Verbindungen gibt und die Dekoration insgesamt einfach gehalten wird.

Tartan als Blickfang
Die Form des Raums und Position der Fenster verlangen hier nach einer besonders kreativen Dekoration. Der kühne, rotkarierte Tartanstoff bringt die kräftigen Farben und das Muster „schwungvoll“ zum Ausdruck.

–AUFFALLEND GEMUSTERTE STOFFE–

Dieser wollene Tartanstoff wirkt durch das kräftige Farbmuster besonders attraktiv und sollte großzügig eingesetzt werden.

Die kräftigen, satten Farben dieses bedruckten Samtstoffs schimmern, wenn das Licht darauf fällt.

Dieser auffallend gemusterte, schwere Baumwollstoff muß in einem großartig angelegten Interieur eingesetzt werden.

Dieses leichte Madraskaro in ungewöhnlicher Farbkombination eignet sich für farbenfrohe Vorhänge oder Rollos.

Dieser leuchtend bedruckte Baumwollstoff kann quer oder längs verwendet werden und eignet sich besonders für ein glattes Rollo.

VERZIERUNGEN

FRANSEN, KORDELN, QUASTEN, KNÖPFE und andere Posamenten bieten interessante Möglichkeiten zur Verzierung von Vorhängen und Rollos. Posamenten haben rein dekorative Funktion und schaffen Textur- und Farbkontraste. Sie werden meistens von Hand an die Ränder angenäht und heben die Form der Vorhänge bzw. des Rollos hervor. So dienen marineblaue Chenille-Fransen als Bordüre an einem hellen, cremefarbenen Seidenvorhang zur Betonung des Arrangements und als Leitlinie für das Auge bei zurückgezogenem Vorhang.

Posamenten bieten eine Fülle von Möglichkeiten zur Verzierung. Einfache Kordelborten werden von Hand vor der Komplettierung an das Rollo angenäht. Zur Betonung der Form oder Farbkontraste werden auch Stoffbordüren, die sich farblich oder von der Textur her absetzen, gewählt. Bordüren werden vor der Komplettierung an die inneren oder äußeren Seitenränder angenäht. Sie können farblich abgesetzt oder aus dem gleichen Stoff sein. Posamenten eignen sich gut zur Kombination verschiedener Texturen.

Mit einem Kordel- oder Seilgeflecht aus Baumwolle, Seide oder beidem können die Ränder eines Vorhangs betont werden. Die Borte wird von Hand an den inneren Seitenrand oder die Oberkante angenäht und gibt dem Stoff extra Textur.

Kordelquasten und Rosettenquasten
Rollos lassen sich gut mit Rosettenquasten verzieren, die an der Unterkante angebracht werden, oder mit kleinen, dicken Kordelquasten aus Baumwolle, Wolle oder Bast oder einfach mit gefärbten Quastenfransen aus Baumwolle.

Seitenkantenverzierung bei Vorhängen
Bordüren, Paspeln oder Fransen sollen natürlicher Bestandteil eines Vorhangs sein und farblich zum Vorhangstoff oder einem nahen Ausstattungsdetail passen. Hier sind die Fransen exakt auf den Seidenstoff der Vorhänge abgestimmt. Sie geben dem Stoff zusätzliches Gewicht und Textur.

Fransen und Borten
Farbe und Textur eines Rollos können durch Fransen, die von Hand an der Unterkante aufgenäht werden, zusätzlich betont werden. Ein neutraler Stoff wirkt durch eine abgesetzte Borte, wie einem auffallenden Gobelinstreifen lebendiger.

OBERKANTENVERZIERUNGEN

Angenähter Besatz
Zur Betonung der Oberkante kann auf die Stoffvorderseite oben ein Querstreifen angenäht werden, der die Oberkante wie ein Querbehang verziert. Er kann aus völlig anderem Stoff genäht sein, sollte jedoch eine farbliche Verbindung zum Vorhangstoff haben.

Lockere Drapierung
Die Oberkante eines Vorhangs kann auch mit einem Stück Stoff verziert werden, der über die Vorhangstange gehängt wird und diese verdeckt. Die dunkelroten Querstreifen des drapierten Stoffs verleihen dem schlichten Kalikovorhang im Bild einen kräftigen Farbakzent.

Raffhalter

Raffhalter sind dekorativ und praktisch. Sie halten Vorhänge seitlich fest, um einen großen Lichteinfall zu ermöglichen, und geben den Vorhängen gleichzeitig eine anmutige Bogenform. Raffhalter werden meist um den Vorhang herumgelegt und an einem passenden, verdeckten Haken in Fensternähe befestigt.

Raffhalter aus Kordeln und mit Quasten sind im Handel erhältlich, können aber auch aus verschiedenen Materialien selbst gemacht werden. Aus Seide und Gobelin lassen sich wunderschöne Raffbänder herstellen, und auch ein einfacher Raffhalter aus Jute ist sehr effektvoll. Jutestränge können mit Quasten versehen oder geflochten werden. Wirkungsvoll und leicht abzuwandeln sind Stoffbänder oder geflochtene Streifen mit Ringen zur Befestigung an einem Haken oder ohne Ringe, leger zusammengebunden. Für bodenlange Vorhänge werden Raffhalter etwa ein Drittel über dem Boden angebracht. Bei Kordeln mit langen Quasten werden sie höher angesetzt, damit die Quasten genügend Platz haben.

Raffhalter gibt es auch aus Holz, Messing und Metall. Sie werden an der Wand befestigt, und der Vorhang wird einfach dahintergeklemmt. Dabei ist darauf zu achten, daß der äußere Seitenrand stets senkrecht fällt. Dieses Arrangement eignet sich nur, wenn die Vorhänge wenig ins Fenster hängen und die Raffhalter nahe am Fensterrahmen oder dem Fensterbrett befestigt werden können. Statt gewöhnlicher Haken sind auch Rosetten aus Messing oder Holz zur Befestigung von Raffhaltern mit Kordeln interessant.

Raffhalter mit Muschelbesatz
Dieser interessante, ungewöhnliche Raffhalter ist mit kleinen weißen Muschelschalen besetzt, an denen sich das Licht reflektiert. Der Raffhalter paßt gut zur Bordüre.

— HÄUFIG VERWENDETE RAFFHALTER —

Einfache Quastenkordel aus Jute mit Wandbefestigung

Doppelte Quastenkordel aus Jute mit Wandbefestigung

Seiden- und Baumwollkordel mit Wandbefestigung

Geflochtener Raffhalter aus Jute mit Wandbefestigung

ANBRINGEN VON RAFFHALTERN

Die Position des Raffhalters hat einen Einfluß darauf, wie ein Vorhang hängt und fällt. Hier werden die drei Grundpositionen gezeigt, die nach Belieben abgeändert werden können, bis der Vorhang in der gewünschten Weise fällt.

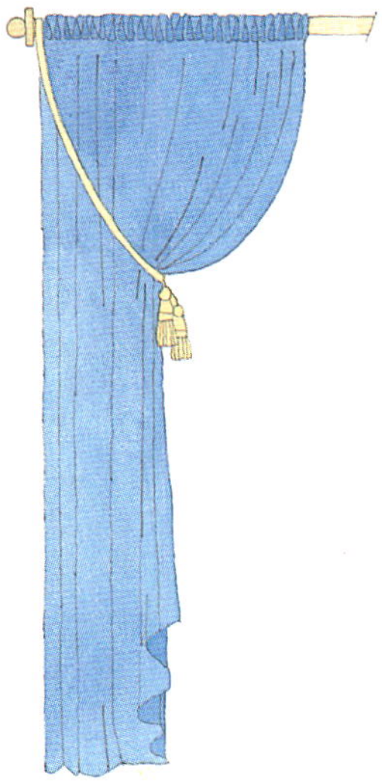

An der Vorhangstange
Der Raffhalter wird um den Vorhang gelegt und an der Stange befestigt. Dadurch wird die Stoffunterkante leicht angehoben. Diese Variante eignet sich, wenn der Vorhang wenig bewegt wird.

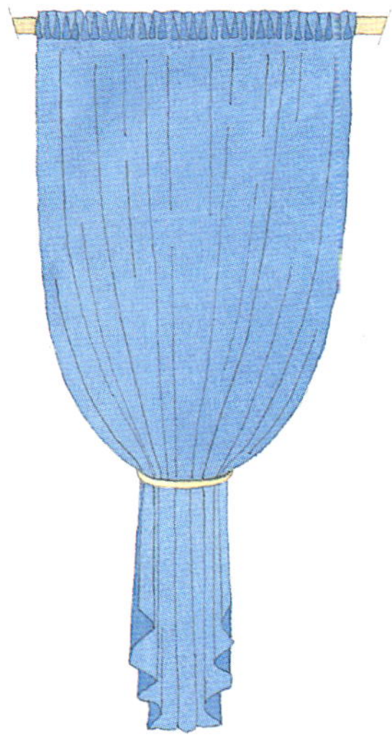

In der Vorhangmitte
Der Raffhalter wird ein Stück nach unten in die horizontale Stoffmitte gesetzt und von einem verdeckten Haken gehalten. Der Vorhang wird leicht über den Raffhalter in Form gezogen.

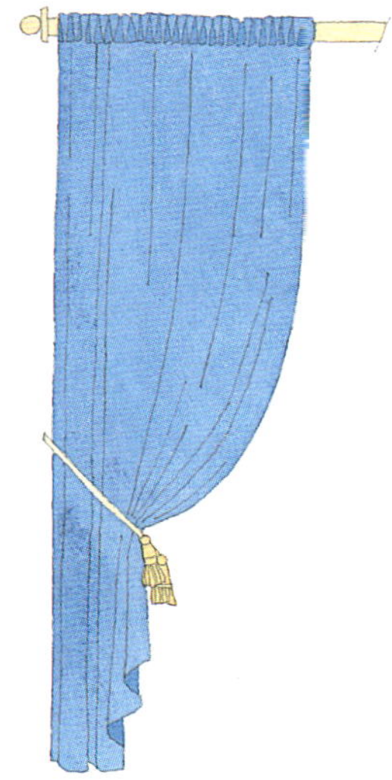

In der unteren Vorhanghälfte
Seitlich niedrig befestigte Raffhalter werden in der Regel mit einem Zweidrittelabstand von oben angebracht. Bei langen Quastenkordeln vergrößert sich der Abstand vom Boden her.

ANDERE RAFFHALTER

Mehrfach gewundenes, festgeknotetes Seil

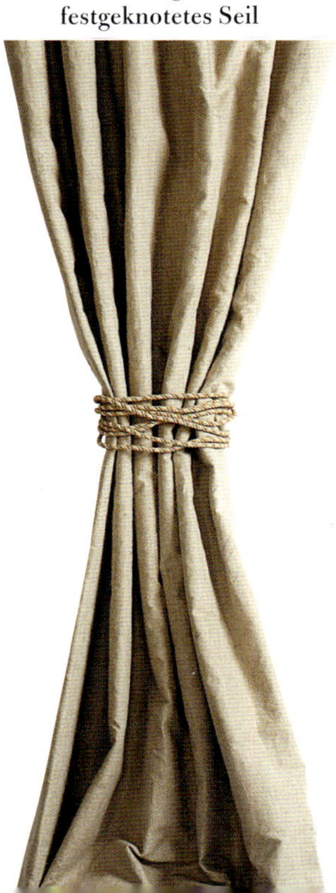

Um den Stoff gelegter Gobelinstreifen

An der Wand befestigter Messinghaken

An der Wand befestigte Messingrosette

Stoffglossar

Die natürlichen Rohstoffe zur Herstellung von Geweben sind Baumwolle, Leinen bzw. Flachs, Wolle und Seide. Jeder der Rohstoffe hat seine eigenen Charakteristika und viele Varianten bei der Verarbeitung. Dazu kommen noch die synthetisch hergestellten Stoffe, die manchmal eine Kombination aus Chemie- und Naturfasern sind. Mit wenigen Ausnahmen, wie zum Beispiel Filz, sind alle Stoffe auch Gewebe, d. h. auf Webstühlen gewebt. Gewebestoffe bestehen im Prinzip aus quer verlaufenden Schußfäden und von oben nach unten gespannten Kettfäden.

Manche Stoffarten werden bevorzugt in einem bestimmten Rahmen eingesetzt – dünner Musselin für einen transparenten, privaten Eindruck; Gobelin zur Isolierung. Für Fensterschmuck gibt es keine derartigen Beschränkungen, was die Stoffwahl betrifft.

Einfache und Futterstoffe

Dicker Einlagestoff
Wird aus gekämmter Baumwolle in unterschiedlicher Dicke hergestellt. Dient als Isolierung zwischen Futter- und Oberstoff und verleiht zusätzlich Fülle und Gewicht.

Futterstoff
Besteht meist aus einer festen Baumwollbindung, die sich auch bei chemischer Reinigung nicht schnell verzieht. Die Hauptfarben sind Beige und Weiß; aber auch andere Farben sind üblich.

Thermo-/Aluminium bedampfter Futterstoff
Wärmedämmender Futterstoff mit einer hellen Außenseite und einer silbergrauen, aluminiumbedampften Seite, die beim Nähen nach innen zum Stoff hin liegt.

Verdunkelungsstoff
Aus einer Schicht undurchsichtigen Materials zwischen zwei Schichten Baumwollstoff. Ist lichtundurchlässig und nicht zur Kombination mit transparenten Stoffen geeignet.

Kaliko
Ungefärbter, preiswerter Baumwollstoff mit Leinenbindung. Diente früher hauptsächlich als Futterstoff und zur Rückenappretur; wird heute gern für Vorhänge und Rollos verwendet.

Matratzendrell/ Markisenstoff
Kräftiger Baumwollstoff mit fester Gewebebindung; wurde ursprünglich zum Beziehen von Matratzen verwendet. Der abgebildete Stoff ist weicher und leichter zu drapieren.

Neutrale und einfach gemusterte Stoffe

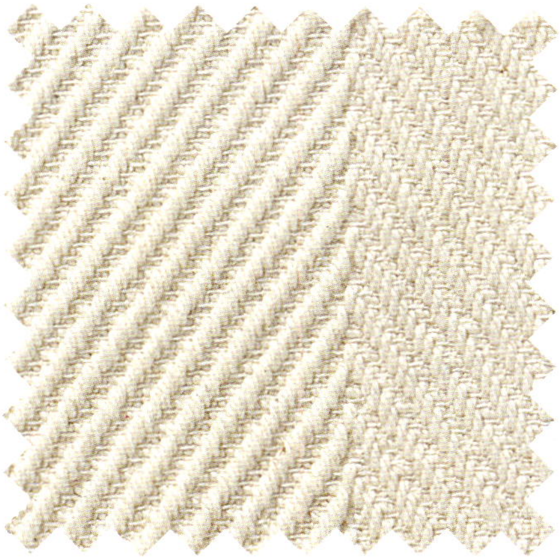

Twill
Schweres, dickes Baumwollgewebe in Köperbindung, die eine Diagonalstreifung verursacht. Eignet sich gut für dicke Vorhänge; ist kräftig und strapazierfähig.

Drillich/Drell
Ein sehr festes Baumwollgewebe nach Art des klassischen, schwarzweiß gestreiften Matratzendrells und für verschiedene Fensterdekorationen geeignet.

Baumwollgewebe mit Lochstickerei
Leichter, fast transparenter Baumwollstoff, der von einer Lochstickerei durchbrochen wird. Eignet sich für Fenstergarnituren, die keine Wärme abzuhalten brauchen.

Bedruckter Musselinbatist
Musselin ist ein feiner, transparenter, oft unifarbiger Baumwollstoff, hier zur Strukturierung mit einem weißen Muster bedruckt. Bietet als Untergardine tagsüber Sichtschutz.

Baumwollstoff mit Karomuster
Einfaches, aber strapazierfähiges Baumwollgewebe, das mit oder ohne Futter für verschiedene Fensterdekorationen geeignet ist und beidseitig gleich gemustert ist.

Sackleinwand/ Rupfen
Locker gewebtes, grob strukturiertes Jutegewebe, das gefüttert und ungefüttert gut wirkt. Ist meist naturfarben; das Muster hier hat einen eingewebten Farbstreifen.

Chenille-Damast
Chenille (französisch für „Raupe") ist ein Garn mit abstehenden Fasern. Es bewirkt eine weiche Textur und ist hier zu einem Damast mit typisch glattem Untergrund und abgesetztem Muster verarbeitet.

(Natur-)Leinen
Kräftiger, strapazierfähiger Stoff aus Flachs, in lockerer und fester Gewebebindung. Sieht schön aus und läßt sich gut drapieren; kann gefärbt werden, wirkt aber unbehandelt besser.

Bunt gemusterte Stoffe

Halbleinen
Die Kombination von Baumwollfaser mit kräftiger Leinenfaser erzeugt einen etwas steifen Stoff, der besonders für Rollos und Einfassungen geeignet ist. Das abgesetzte Motiv im Bild verleiht zusätzlich Struktur.

Gobelin/ Tapisseriestoff
Dieser Stoff sieht handgewebt aus, als wäre jeder Stich bewußt gemacht, wurde aber maschinell hergestellt. Die kräftige Textur und das Muster sind ideal für schwere Vorhänge und Rollos.

Schweres Baumwollgewebe
Der dicke, robuste Baumwollstoff mit Lilienmuster sieht auf beiden Seiten gut aus und ist besonders für ungefütterte Vorhänge und Rollos geeignet.

Weicher Wollstoff
Dieser Deckenstoff aus gekämmter Wolle ist weich und warm. Bei Vorhängen wirkt er wärmedämmend und braucht nicht gefüttert zu werden, da er beidseitig gleich aussieht.

Wolldamast
Dieser Wollstoff hat ein für Damaststoff typisch abgesetztes Muster auf glattem Untergrund. Er ist schwer, aber weich, gut zu drapieren, wärmedämmend und kann ungefüttert verwendet werden.

Tartan/Plaid/ Schottenstoff
Wolltuch, ursprünglich Kleiderstoff, mit eingewebtem, unterschiedlichem Karomuster, das jeweils einem schottischen Clan zugeordnet ist. Wirkt wärmedämmend, fällt gut und wird nicht gefüttert.

Wollstoff mit Karomuster
Bei diesem Twill bzw. Wollstoff in Köperbindung wurde der Schußfaden abwechselnd mit einem bzw. zwei Kettfäden verkreuzt. Dieser schicke Stoff ist vielseitig für Vorhänge und Rollos einsetzbar.

Paisley
Dieser feine ägyptische Baumwollstoff ist mit einem Paisley-Muster bedruckt. Paisely wurde ursprünglich aus dem Osten in die schottische Stadt Paisley importiert. Typisch sind die geschwungenen Zapfen- und Birnenmotive.

Baumwollchintz
Chintz ist meistens ein bunter, floral gemusterter Baumwollstoff mit cremefarbenem bzw. hellem Untergrund. Für das Muster werden oft klassische Blumenmotive verwendet.

Bedruckte Leinwand
Leinen ist ein vielseitiger Dekostoff, den es naturfarben oder farbig gemustert gibt. Hier wird eine im Siebdruck mit mindestens acht Farben bedruckte Leinwand mit dynamischem Blattmuster gezeigt.

Baumwolldruck
Hier wurde der Untergrund überdruckt, um den Eindruck zu erwecken, daß der Stoff in Farbe getaucht und mit dem Goldmuster verziert wurde. Von fern wirkt der vielseitig einsetzbare Baumwollstoff wie Samt.

Seidentaft
Feines, leicht knittriges und steifes Gewebe, das schön fällt und sich für bodenlange Vorhänge eignet. Die Oberfläche fasziniert durch die verschiedenen Farben der Kett- und Schußfäden.

Seidendamast
Seide ist das klassische Material zur Herstellung von Damast. Die typische Damastbindung hat einen glatten Untergrund mit abgesetztem Muster. Damast wirkt fein und edel und fällt schön.

Karierter Seidenstoff
Seide besteht aus weichen, glänzenden Fäden vom Kokon des Seidenspinners. Hier wurden verschiedenfarbige Kett- und Schußfäden sowie zusätzliche Fäden für die gitterartige Struktur verwebt.

Streifensamt
Samt besitzt eine lichtabsorbierende und lichtreflektierende Floroberfläche. Die prächtig roten Samtstreifen dieses Baumwollmusters reflektieren das Licht und schimmern auf dem mattgoldenen Untergrund.

Bedruckter Samt
Samt ist immer üppig und luxuriös. Der bedruckte Samtstoff im Bild wirkt modern und eignet sich gut für schicke, bodenlange Vorhänge.

Grund-techniken

MASSNEHMEN

Damit die fertigen Vorhänge und Rollos gut passen und schön aussehen, ist es wichtig, am Fenster ganz genau Maß zu nehmen. Dazu sollte stets ein Stahlmaßband verwendet werden; Maßbänder aus Stoff sind nicht präzise genug. Die ermittelten Maße dienen später als Anhaltspunkt für den Stoffkauf und sollen klar gegliedert sein. (Es ist hilfreich, die Breite immer vor der Länge zu notieren, um spätere Verwechslungen auszuschließen.)

Wenn die Halterung noch nicht montiert ist, muß als erstes überlegt werden, wo diese angebracht werden soll. Im Grunde gibt es dabei drei Möglichkeiten: die Aufhängung der Vorhänge bzw. des Rollos erfolgt an der Wand über dem Fenster, am Fensterrahmen oder in einer Fensternische. Im ersten Fall ist die Aufhängung breiter als das Fenster und nimmt seitlich ein Stück der Wand ein. Wenn die Montage an der Wand oder am Fensterrahmen erfolgt, muß zusätzlich überlegt werden, ob die Vorhänge bodenlang sein oder nur bis zur Fensterbank reichen sollen.

Als nächstes müssen die Gesamtbreite und die Länge des Vorhangs bzw. Rollos gemessen werden. Mit Hilfe dieser Angaben wird dann durch Addition von Oberkanten-, Saum- und Nahtzugaben zur Gesamtbreite und -länge der tatsächliche Stoffverbrauch für den Zuschnitt, d.h. die erforderliche Stoffbreite und -länge, kalkuliert (s. Tab. S. 40–41). Bei gemusterten Stoffen muß zusätzlich der Verschnitt berücksichtigt werden (s.S.41).

KLEINES GLOSSAR DER ABMESSUNGEN

Gesamtbreite: *Die Breite, die bedeckt werden und die auch der fertig drapierte Vorhang bzw. das Rollo haben soll.*

Gesamtlänge: *Die Länge des fertigen, aufgehängten Vorhangs bzw. Rollos.*

Schnittbreite: *Die Gesamtbreite plus Zugaben für Säume und die gesamte Oberkantenbreite.*

Schnittlänge: *Die Gesamtlänge plus Zugaben für Seitennähte und Oberkante.*

Stoffbreite *(Bahnenbreite): Die Stoffbreite beim Kauf der Ware. Sie wird im allgemeinen geringer sein als die für die Dekoration benötigte Schnittweite. Dementsprechend muß mehr Stoff gekauft und dann zur gewünschten Breite zusammengenäht werden.*

Halterung: *Aufhängevorrichtung für Vorhänge und Rollos, wie Vorhangstange, Schiene oder Leiste, die in Fensternähe oder direkt am Fenster angebracht wird.*

Nischenfenster: *So weit zurückgesetztes Fenster, daß Vorhänge bzw. ein Rollo auch in der Laibung, statt an der Wand aufgehängt werden können.*

Webkante: *Seitlich verstärkter Gewebesaum.*

Maßnehmen für Vorhänge oder Rollos, die mit einer Wandhalterung aufgehängt werden

Eine Wandhalterung wird, je nachdem, wieviel Platz zur Verfügung steht, in der Regel 10–30 cm über dem Fenster und etwa 20 cm rechts und links der Seitenränder angebracht. Die Fensterbreite plus das Stück, das die Halterung auf jeder Seite übersteht, ergeben die Gesamtbreite (A). Die Fensterlänge plus der Abstand zwischen Fensteroberkante und Halterung ergeben die Gesamtlänge (B). Bei bodenlangen Vorhängen wird zur Ermittlung der Gesamtlänge der Abstand vom Fensterbrett zum Boden (B1) noch dazuaddiert.

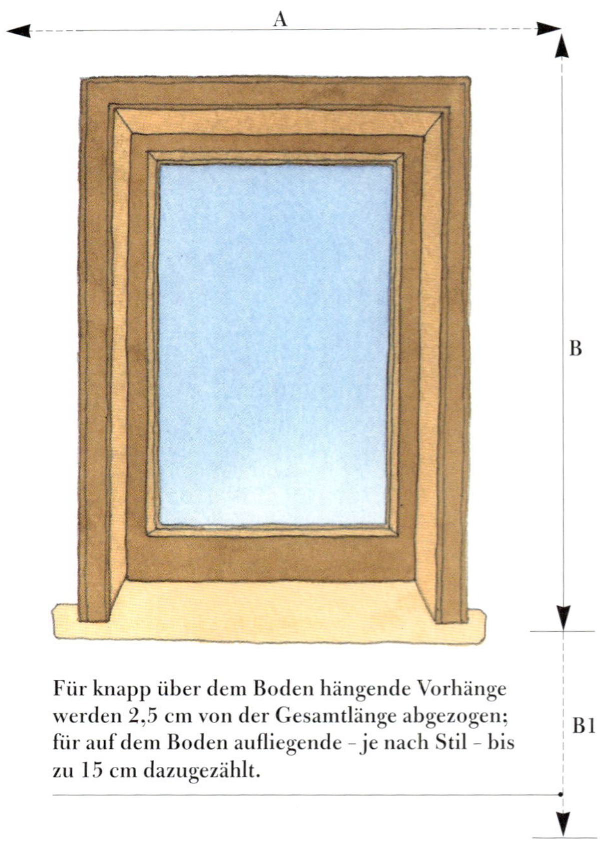

Für knapp über dem Boden hängende Vorhänge werden 2,5 cm von der Gesamtlänge abgezogen; für auf dem Boden aufliegende - je nach Stil - bis zu 15 cm dazugezählt.

Maßnehmen für Vorhänge oder Rollos, deren Halterung am Fensterrahmen befestigt wird

Bei Aufhängung am Fensterrahmen ist die Gesamtlänge gleich der Fensterbreite, von Außenkante zu Außenkante gemessen (C). Die Gesamtlänge ist gleich der Fensterlänge (D). Für bodenlange Vorhänge wird die Gesamtlänge durch Messen von der Fensteroberkante bis zum Boden ermittelt (D + D1).

Maßnehmen für Vorhänge oder Rollos, deren Halterung in einer Fensternische befestigt wird

Bei Aufhängung eines Vorhangs bzw. Rollos in einer Nische ist die Gesamtbreite gleich der inneren Nischenbreite (E), und die Gesamtlänge entspricht dem Abstand gemessen vom Fenstersturz bis zum Fensterbrett (F).

Für knapp über dem Boden hängende Vorhänge werden 2,5 cm von der Gesamtlänge abgezogen; für auf dem Boden aufliegende – je nach Stil – bis zu 15 cm dazugezählt.

Stoffbedarf ermitteln

Die ermittelten Werte für die Gesamtbreite und Gesamtlänge der Fensterdekoration dienen zur Berechnung der Schnittweite und Schnittlänge. Mit der Schnittweite und Länge kann wiederum der Stoffbedarf bestimmt werden. Bei gemustertem Stoff muß der Verschnitt, der beim Zusammensetzen anfällt, zusätzlich berücksichtigt werden.

1 *Die Schnittbreite bei Vorhängen ergibt sich aus der Gesamtbreite mal dem für eine bestimmte Oberkante benötigten Faktor (s. S. 40) plus den seitlichen Nahtzugaben. Bei Rollos müssen eventuell weitere Säume, Retouren, Falten und andere Extras addiert werden (s. S. 41).*

Beispiel:
Gesamtbreite *(132 cm): A, C oder E, s. Abb. oben und links*
x ***Zugabe für Oberkante*** *(2,5 cm)*
= 330 cm
+ ***seitliche Nahtzugaben*** *(10 cm)*
= ***Schnittbreite*** *(340) cm*

2 *Die Schnittlänge bei Vorhängen ergibt sich aus der Gesamtlänge plus den oberen und unteren Saumzugaben (s. S. 40). Bei Rollos wird die untere Saumzugabe und die Stoffzugabe für die Befestigung an der Leiste einkalkuliert (s. S. 41).*

Beispiel:
Gesamtlänge *(188 cm): B (+ B1), D (+ D1) oder F, s. Abb. oben und links*
+ ***obere und untere Saumzugabe*** *(25 cm)*
= ***Schnittlänge*** *(213 cm)*

3 *Für die Ermittlung des Stoffbedarfs muß zuerst berechnet werden, wieviele Bahnen für die Schnittbreite benötigt werden. Dazu wird die erforderliche Schnittbreite durch die aktuelle Stoffbreite geteilt. Das Ergebnis wird aufgerundet und mit der Schnittlänge multipliziert. Hieraus ergibt sich der Stoffbedarf in Metern.*

Beispiel:
Schnittbreite *(340 cm)*
/ ***Stoffbreite*** *(122 cm)*
= ***Benötigte Stoffbahnen*** *(2,8 = 3)*
Schnittlänge *(213 cm) x 3*
= ***Stoffbedarf*** *(639 cm).*
Zur Sicherheit daher 7 m Stoff kaufen.

Stoffbedarf für verschiedene Vorhangtypen

Die Tabelle gibt an, wieviel Stoff für einen bestimmten Vorhangtyp zusätzlich benötigt wird. Nach dem Abmessen der Gesamtbreite und der Gesamtlänge des Vorhangs wird die Schnittbreite und Schnittlänge unter Berücksichtigung der Zugaben für einen bestimmten Vorhangtyp ermittelt. Bei den meisten Vorhängen müssen außerdem noch Zugaben für das Zusammensetzen zur gewünschten Schnittbreite einkalkuliert werden (s.S.43).

Art der Oberkante	**Schnittbreite** **s. die jeweiligen Anleitungen für extra Nahtzugaben**	**Schnittlänge** **für alle Vorhangtypen**	**Anmerkungen**
Saumdurchzug	1½–2 x Gesamtbreite	Gesamtlänge + 12 cm Saumzugabe + 3–5 cm für oberen Saumdurchzug	Für eine Stange mit etwa 2 cm Durchmesser. Für den Durchzug wird in der Regel etwa zweimal der Stangendurchmesser genommen.
Kräuselung mit 2,5 cm Band	2½ x Gesamtbreite	Gesamtlänge + 20 cm untere Saumzugabe + 5 cm obere Saumzugabe	Es gibt nur eine Reihe zum Einhängen der Vorhanghaken.
Bleistiftfalten mit 7,5 cm Band	2½ x Gesamtbreite	Gesamtlänge + 20 cm untere Saumzugabe + 7.5 cm obere Saumzugabe	Es gibt drei Reihen zum Einhängen der Vorhang-haken.
Angenähte Haken	1½–2 x Gesamtbreite	Gesamtlänge + 20 cm untere Saumzugabe + 5 cm obere Saumzugabe	Die Stoffbahn für glatt hängende Vorhänge mit angenähten Haken soll etwas breiter als das Fenster sein.
Ösen	1½–2 x Gesamtbreite	Gesamtlänge + 20 cm untere Saumzugabe + 5 cm obere Saumzugabe	Ösen werden meistens in einem Abstand von 10–15 cm gesetzt.
Dreifach- oder Kelchfalten	2½ x Gesamtbreite	Gesamtlänge + 20 cm untere Saumzugabe + 18–20 cm obere Saum zugabe	Für etwa vier oder fünf Falten pro Stoffbahn gerechnet.
Kellerfalten	3 x Gesamtbreite, wenn die ganze Oberkante gefältelt wird 2–2½ x Gesamtbreite, wenn die Falten in Abständen gelegt werden	Gesamtlänge + 20 cm untere Saumzugabe + 18–20 cm obere Saum zugabe	Die Stoffbreite muß durch die vordere Faltenbreite teilbar sein. So muß ein Stoff in 10 cm breite Flächen unterteilbar sein, wenn eine Falte 10 cm breit sein soll.

Stoffbedarf für verschiedene Rollotypen

Die folgende Tabelle gilt als Anhaltspunkt zur Ermittlung des Stoffbedarfs für die gängigen Rollotypen. Für viele Springrollos genügt schon eine Stoffbahnbreite, doch bei breiteren Rollos oder Faltenrollos ist der Stoffbedarf größer. Die Werte unten sind daher nur Orientierungshilfen; genaue Angaben finden sich bei den Anleitungen.

Rollotyp	Schnittbreite	Schnittlänge	Anmerkungen
Rollo mit Leistenaufhängung	Gesamtbreite + 10 cm seitliche Saumzugabe	Gesamtlänge + 5 cm untere Saumzugabe + 25 cm Leistenbringung an der Oberkante; bei Retouren (s.S.56) zusätzlich 5 cm für Leistenanbringung	Zusätzlicher Stoffbedarf für Stofftunnel; jeder Tunnel mißt seitlich 12 cm
Rollo mit Saumdurchzug	Gesamtbreite + 10 cm seitliche Saumzugabe	Gesamtlänge + 5 cm untere Saumzugabe + 7,5–25 cm Obersaum durchzug, abhängig vom Stangendurchmesser	Zusätzlicher Stoffbedarf, damit die Stange gut durch den Saumdurchzug geschoben werden kann
Faltrollo	Gesamtbreite + 10 cm seitliche Saumzugabe + 10 cm Einfassungen + Zugabe pro Falte, z.B. 20 cm	Gesamtlänge + 5 cm untere Saumzugabe + 25 cm Leistenanbringung der Oberkante; bei Retouren s. oben	Faltrollos sehen oft besser aus, wenn zur Länge noch 20 cm dazugegeben werden
Bauschrollo mit Mittelfalte	Gesamtbreite + 20–30 cm für Mittelfalte + 10 cm seitliche Saumzugabe + 4 cm seitliche Saumzugabe für Mittelfalte	Gesamtlänge + 5 cm untere Saumzugabe + 25 cm Leistenanbringung der Oberkante; bei Retouren s. oben	

Verschnitt bei gemusterten Stoffen

Wenn Stoff zusammengesetzt wird, muß sich das Muster an den Seiten genau ergänzen. Der sich dadurch ergebende höhere Stoffverbrauch muß beim Ermitteln des Stoffbedarfs einkalkuliert werden.

Nach der Ermittlung der Schnittlänge (s. S. 38–39) wird die Größe des Musterrapports gemessen (wenn nicht vom Hersteller angegeben) und die Schnittlänge durch den Rapport geteilt. Zur Bestimmung der Stofflänge wird das Ergebnis aufgerundet und mit der Rapportgröße multipliziert.

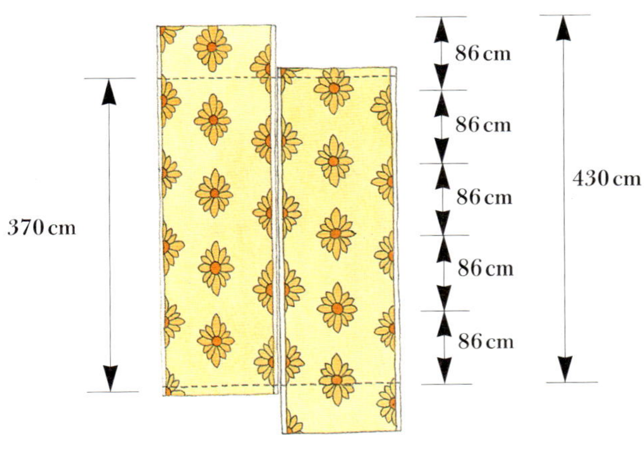

***Beispiel:** Bei einer Schnittlänge von 370 cm und einem Musterrapport von 86 cm wird 370 durch 86 dividiert, was 4,3 ergibt und auf 5 aufgerundet wird. Der Rapport von 86 wird mit 5 multipliziert und ergibt den Wert von 430 cm, der damit der für die Stoffmusterung benötigten Bahnenlänge entspricht.*

Nähvorbereitungen

Zuschnitt

Stoff wird in der Regel um Pappe aufgerollt in einem Ballen angeboten und läßt sich so einfacher zum Schneiden ausbreiten. Vor dem Zuschnitt sollte der Stoff auf Materialfehler überprüft und die Maße noch einmal kontrolliert werden. Durch Genauigkeit beim Zuschnitt lassen sich spätere Probleme reduzieren. Zu diesem Zweck macht sich die Anschaffung einer guten, scharfen Schneiderschere mit langen Messern bestimmt bezahlt.

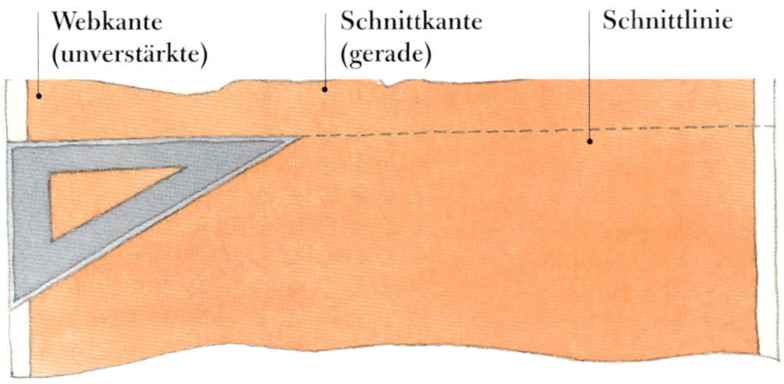

1 *Mit einer Reißschiene oder einem rechtwinkligen Gegenstand eine gerade Linie für den Schnitt unter der Schnittkante ziehen.*

ZUSCHNITT SEHR DÜNNER STOFFE

Bei dünnen oder locker gewebten Stoffen einen Schußfaden aus dem Gewebe ziehen und den Stoff entlang dieser Fadenlinie abschneiden.

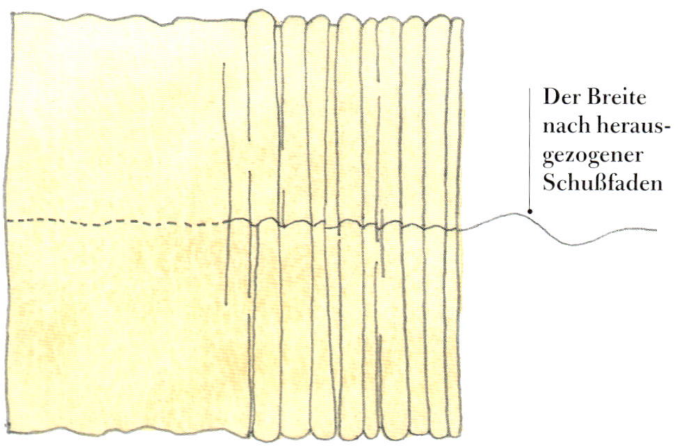

2 *Für den Zuschnitt Schnittlänge jeweils an der Webkante und der Stoffmitte abmessen und markieren. Mit einem Lineal und Kreide oder Bleistift die Markierungspunkte zu einer Linie verbinden. In gleicher Weise alle benötigten Schnittlängen markieren. Den Stoff mit einer scharfen Schere an den markierten Linien entlang schneiden.*

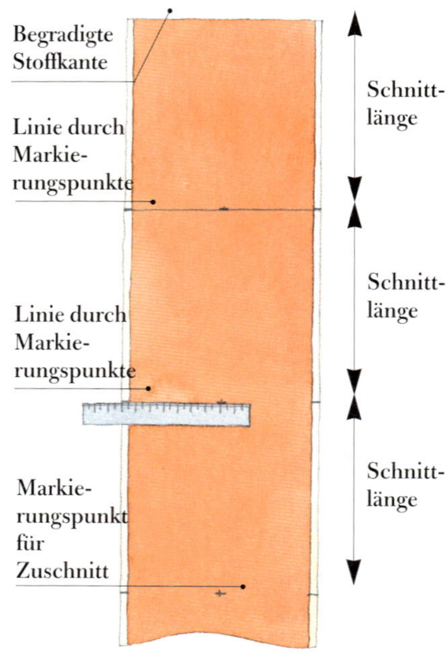

Zusammensetzen verschieden breiter Stoffstücke

Nach dem Zuschnitt werden die Stoffstücke zur richtigen Breite zusammengesetzt. Für ein Vorhangpaar aus drei Stoffbreiten wird eine Bahn der Länge nach geteilt und mit je einer ganzen Bahn zusammengenäht (s.unten links). Für ein breites Rollo werden die schmaleren Stücke seitlich an eine ganze Stoffbahn in der Mitte genäht (s.unten rechts).

Vorhangbreite
Bei Verwendung geteilter und ganzer Stoffbahnen werden die geteilten Stücke stets außen angenäht und die ganzen Bahnen in die Mitte gesetzt.

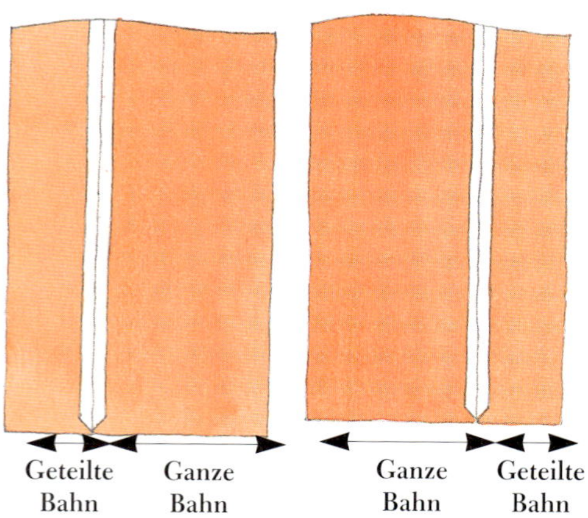

Rollobreite
Um ein Rollo nicht aus schmalen Streifen zusammensetzen zu müssen, mittleres Stück nötigenfalls etwas abschneiden, damit alle Teile mindestens ein Viertel Bahnenbreite haben.

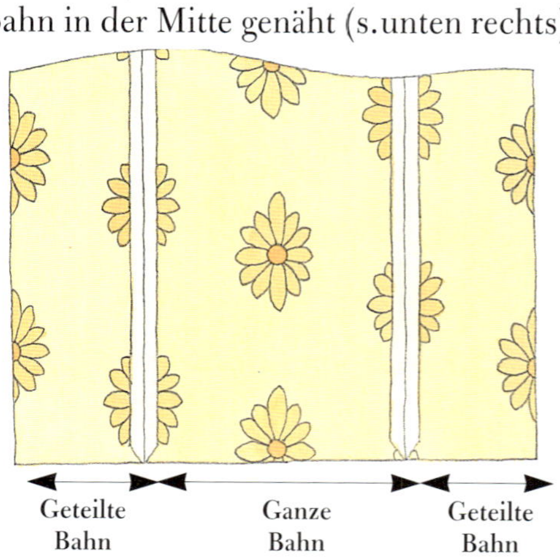

Mehrere Stoffbahnen

Für Vorhänge mit Futter oder Zwischeneinlage genügt es, wenn die Stoffteile einfach auf der Nähmaschine zusammengesteppt werden. Bei ungefütterten Vorhängen und Rollos macht man eine französische Naht (s.S.47), mit der Schnittkanten schön versäubert werden.

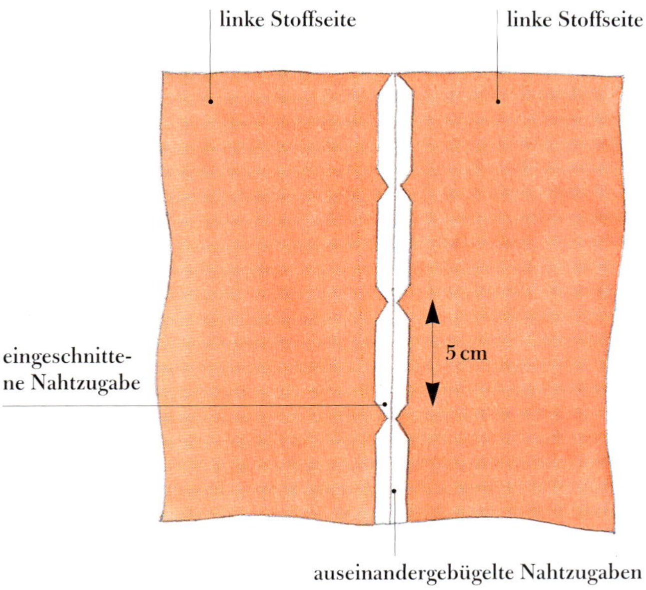

Stoff rechts auf rechts legen. Bei einer Nahtzugabe von jeweils 2,5 cm entlang der Webkante bzw. Schnittkante steppen. Nahtzugaben auseinanderbügeln. Wenn der Stoff sich zusammenzieht oder an der Webkante zu straff erscheint, hängt der fertige Vorgang nicht so schön. Deshalb Nahtzugaben in einem Abstand von 5 cm vorsichtig bis zur Naht einschneiden.

Beschweren von Vorhängen

Besonders bodenlange Vorhänge sehen besser aus, wenn sie mit in den unteren Saum eingenähten Bleigewichten beschwert werden. Dadurch behalten die Vorhänge, vor allem auch solche mit schwerer Oberkante, ihre Form.

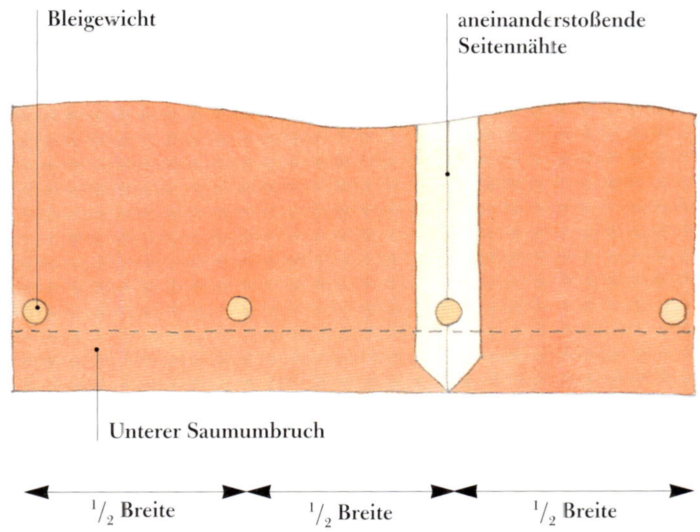

Der Vorhang wird jeweils an den Rändern und in der Mitte jeder Stoffbahn beschwert. Die Gewichte mit Futterstoff bedecken und dann den unteren Saum von Hand nähen (s.S.46).

Füttern von Stoffen

Beim Kauf von Futter bzw. Einlagestoff wird die gleiche Menge wie für den Stoff veranschlagt, auch wenn etwas weniger davon benötigt wird. Das Futter sollte möglichst gleich breit wie der Stoff sein, damit sich die Seitennähte decken. Bei Einlagestoff ist die Stoffbreite nicht ganz so wichtig, da er unter dem Futter nicht zu sehen ist.

Einlage (Zwischenfutter)

Einlagestoff auf die gewünschte Breite mit einer überlappten Naht zusammensetzen (s. S. 47) und mit Staffierstich auf den Vorhangstoff nähen (s.S.44). Dabei die Einlage auch an den Nahtstellen und der Mitte der zusammengesetzten Stoffbahnen anstaffieren.

Futter

Futterbreite dem Stoff entsprechend herstellen. Nähte auseinanderbügeln. Futter und Stoff möglichst Naht auf Naht zusammensetzen. Bei großen Vorhängen und breiten Rollos wie Einlagestoff annähen.

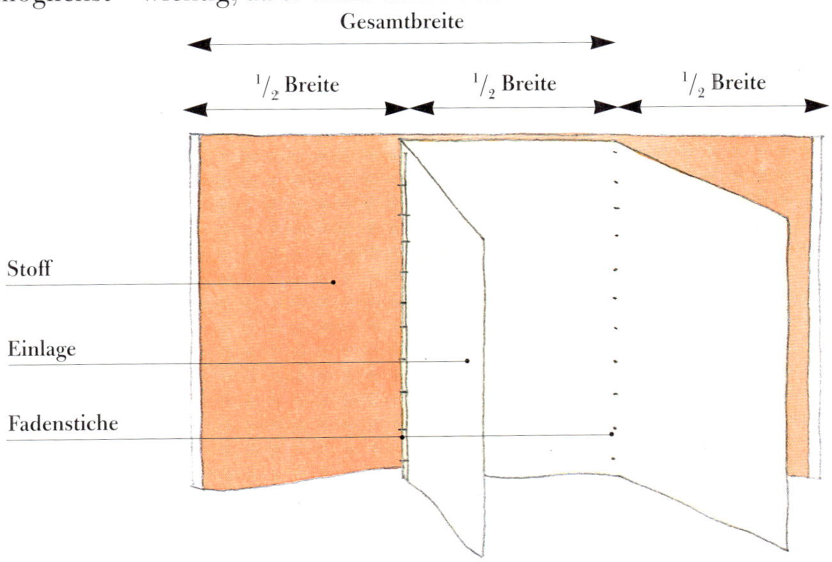

Handsticharten

Heftstich

Es handelt sich um einen provisorischen Stich, der Stoffstücke besser als Stecknadeln zusammenhält.

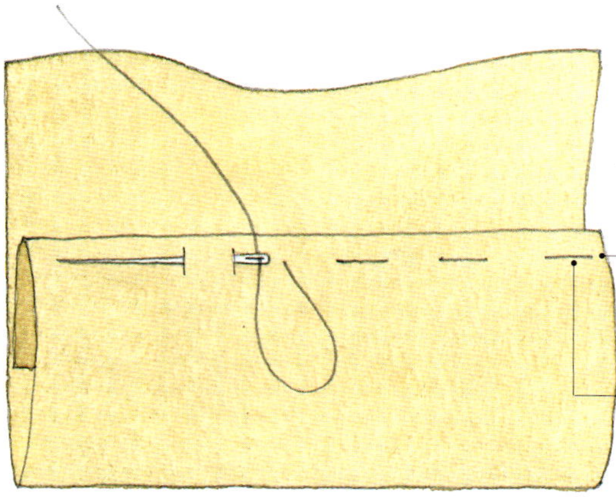

Faden mit einem Knoten sichern. In einer Reihe gerade, etwa 1,25 cm lange Stiche setzen. Um die Stiche wieder zu entfernen, Knoten lösen und Faden aus dem Stoff ziehen.

Staffierstich

Mit diesem Stich wird Futter oder Einlagestoff locker an die Rückseite von Vorhängen und Blenden staffiert. Er verhindert, daß übereinanderliegende Stoffe sich aufblähen.

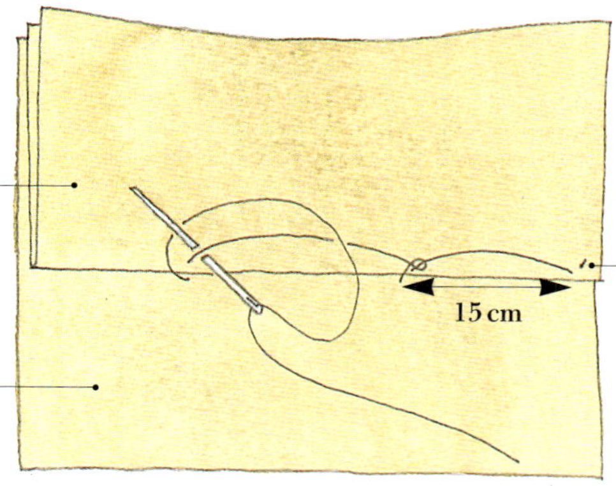

Faden am Einlagestoff sichern. Dicht am Rand des Einlagestoffs einstechen und dabei ein paar Fäden des Hauptstoffs mitnehmen. Nadel durch den Faden ziehen und Faden locker anziehen. Etwa 15 cm weiter den nächsten Stich machen.

Hexenstich

Dieser Stich hält Säume, die später festgenäht werden, glatt und sicher zusammen. Rechtshänder arbeiten mit der Nadelspitze nach links von der linken zur rechten Seite hin.

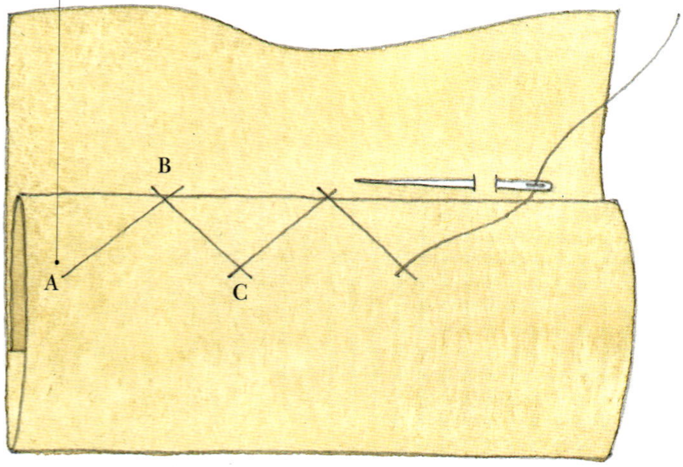

Von links nach rechts mit nach links zeigender Nadelspitze nähen. – Unter dem Saum einstechen und Faden durch den Saum ziehen (A). Direkt über der Saumkante einstechen und dann 2,5 cm weiter rechts auf gleicher Höhe (B) mit nach links zeigender Nadel erneut einstechen. Mit der Nadel nach links wieder 2,5 cm weiter rechts unter dem Saum einstechen (C). Mit diesem Stichmuster den ganzen Saum befestigen.

Blindstich

Mit diesem Stich wird ein Saum quasi unsichtbar befestigt. Die Stichgröße in der Abbildung ist zur Verdeutlichung stark vergrößert; in Wirklichkeit ist der Stich kaum sichtbar.

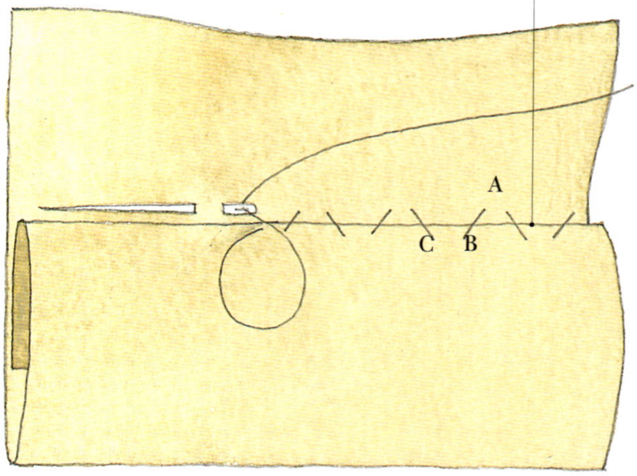

Auf der rechten Seite unter dem Saum einstechen und Faden dicht neben der Saumkante durchziehen. Mit der Nadel durch den Hauptstoff stechen und einen winzigen Stich machen (A). Dabei nur ein paar Stoffäden aufnehmen, damit der Stich auf der Vorderseite nicht sichtbar wird. Etwa 3 mm vom ersten Stich erneut einstechen (B). Nadel unterm Saum etwa 1,25 cm weiter durchziehen (C). Vorgang nach links hin fortsetzen.

Kettelstich (Kettenstich)

Mit diesem Stich wird eine Fadenkette hergestellt, mit der Futterstoff und der untere Vorhangsaum locker verbunden werden, um das Aufplustern des Stoffs zu verhindern.

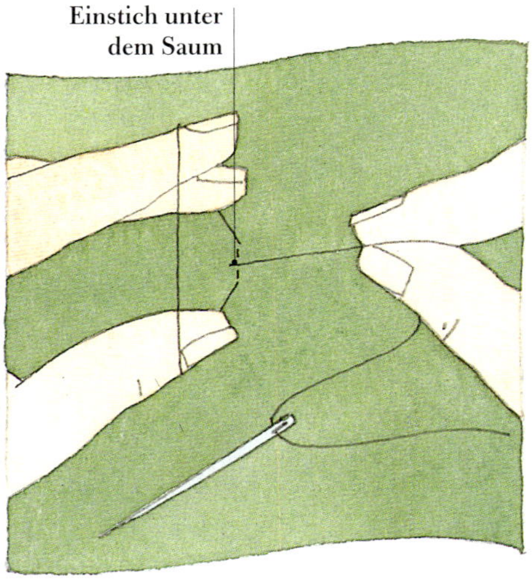

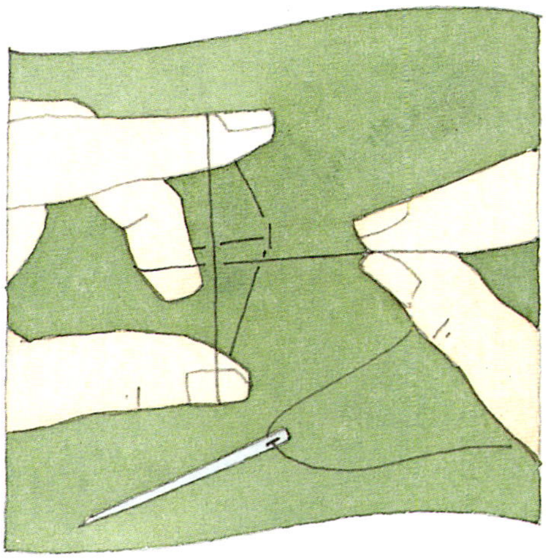

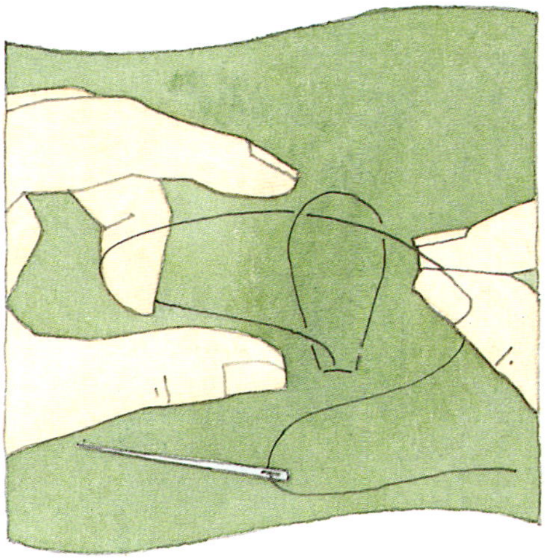

1 Faden mit zwei Stichen unter dem Saum sichern. Erneut einstechen und den Faden bis auf eine Schlinge durchziehen. Rechtshänder halten die Schlinge mit dem linken Daumen und Zeigefinger und Nadel und Faden in der rechten Hand. (Linkshänder machen es umgekehrt.)

2 Mit dem Mittelfinger der linken Hand den Faden an der Nadel ein Stück durch die Schlinge ziehen.

3 Die Schlinge loslassen, damit sie sich um den Faden legen kann. Gleichzeitig mit der rechten Hand am Faden ziehen. Den Vorgang wiederholen, bis eine etwa 5 cm lange Kette entsteht. Dann die Nadel durch die Schlinge ziehen und den Faden festziehen. Mit einem Stich unter dem Saum befestigen.

Riegelstich

Mit diesem Stich können mehrere Lagen Stoff zusammengehalten werden, z. B. der untere Teil einer Kelchfalte.

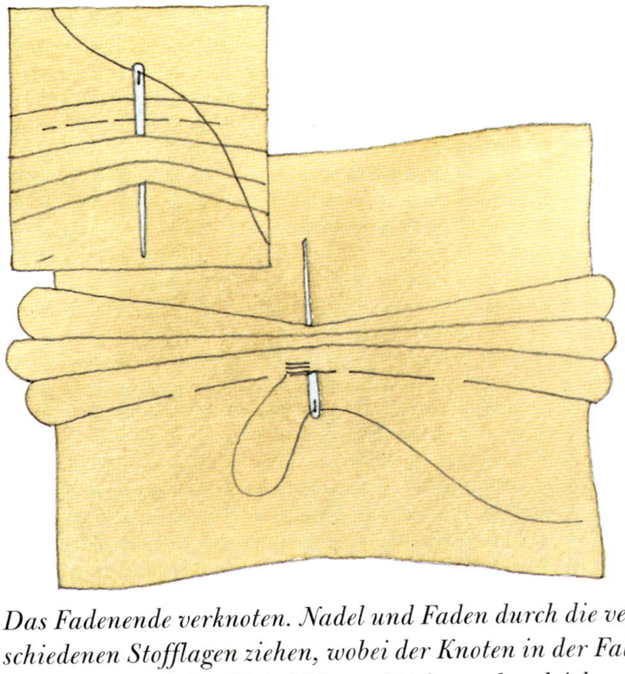

Das Fadenende verknoten. Nadel und Faden durch die verschiedenen Stofflagen ziehen, wobei der Knoten in der Faltenmitte liegen soll (s. Abb.). Mehrere Stiche an der gleichen Stelle in beide Richtungen machen, bis ein kräftiger, sauberer Stich sichtbar wird, der die Falten zusammenhält.

Knopflochstich

Mit diesem Stich werden Haken und Ringe am Stoff befestigt. Für mehr Reißfestigkeit wird der Faden doppelt gelegt.

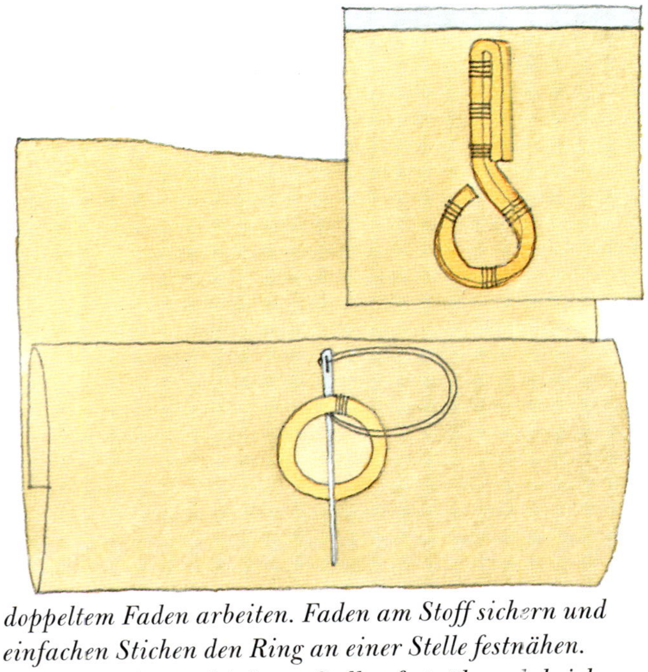

Mit doppeltem Faden arbeiten. Faden am Stoff sichern und mit einfachen Stichen den Ring an einer Stelle festnähen. Haken an jeweils verschiedenen Stellen festnähen; dabei den Faden ohne abzuschneiden von einer Einstichstelle zur nächsten durchziehen.

Säume und Nähte

Doppelter Vorhangsaum mit Einlage

Mit einem Doppelsaum wird Einlagestoff glatt und sauber am Vorhangstoff befestigt, bevor das Futter aufgenäht wird. Gleichzeitig können bei diesem Arbeitsschritt Vorhanggewichte eingenäht werden.

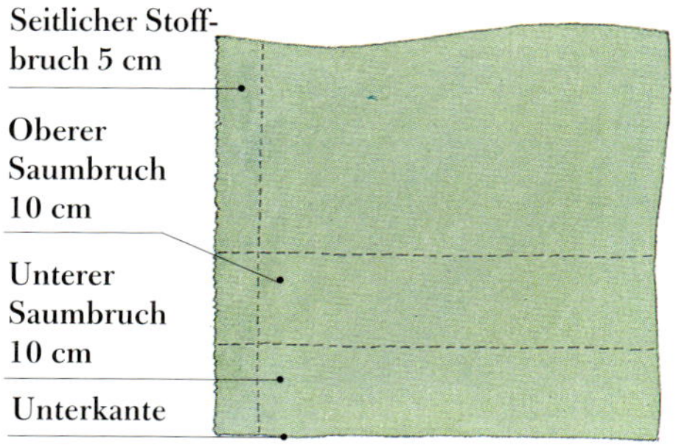

1 Stoff mit der linken Seite nach oben an der Unterkante zweimal 10 cm einschlagen und anbügeln. Seitenrand 5 cm einschlagen und anbügeln. Stoff wieder auffalten (s. Abb.).

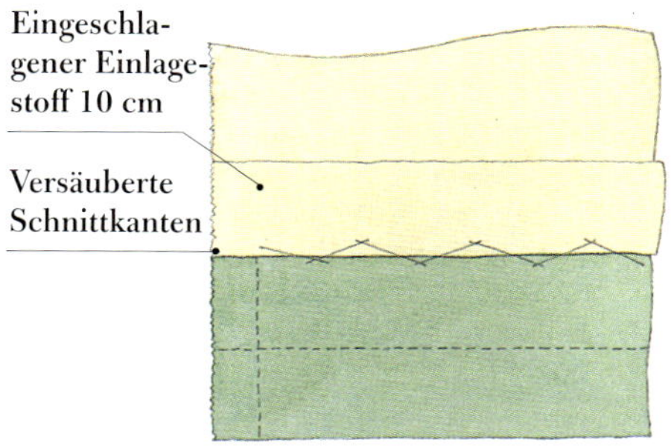

2 Einlagestoff so auflegen, daß die Schnittkanten auf der seitlichen Stoffkante und der unteren Bügellinie des Saums liegen. Einlagestoff unten 10 cm einschlagen und mit Hexenstich an den Stoff nähen (s. S. 44).

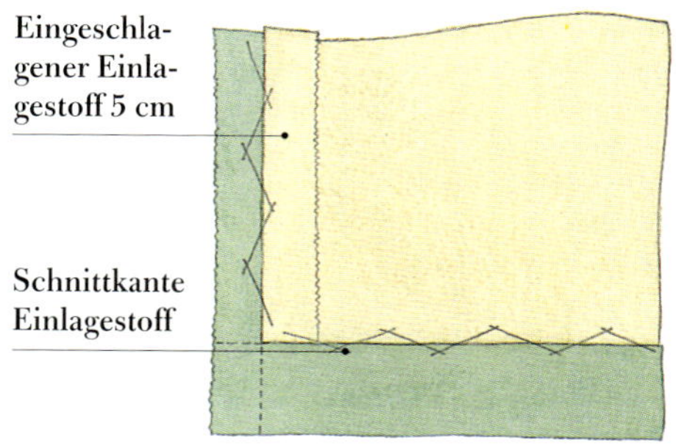

3 Einlagestoff wieder zum Saumbruch auffalten. Seitlich 5 cm einschlagen und anbügeln. Untere Schnittkante und seitliche Bruchkante des Einlagestoffs mit Hexenstich am Grundstoff befestigen.

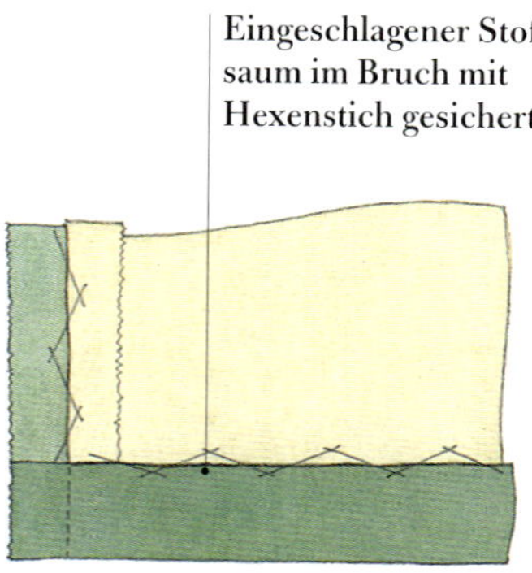

4 Unteren Stoffsaum an der ersten Bügellinie einschlagen und anbügeln. Saumkante mit Hexenstich sichern.

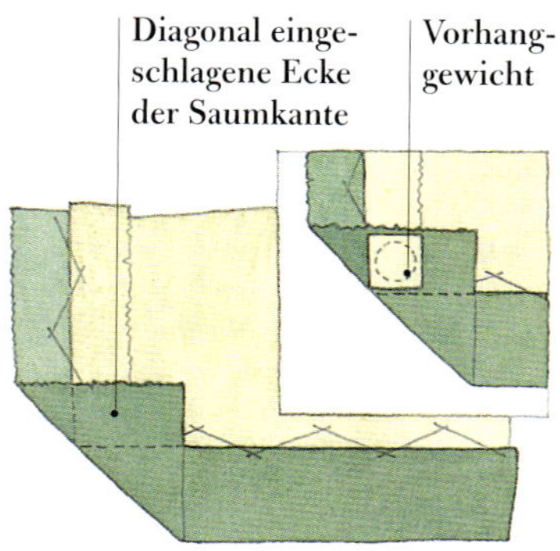

5 Untere Ecke diagonal so einschlagen, daß die Faltlinie durch den Schnittpunkt der Saumkanten geht. Eventuell Gewicht einnähen.

6 Seitlichen Stoffsaum 5 cm an der Bügellinie einschlagen. Anbügeln und mit Hexenstich sichern.

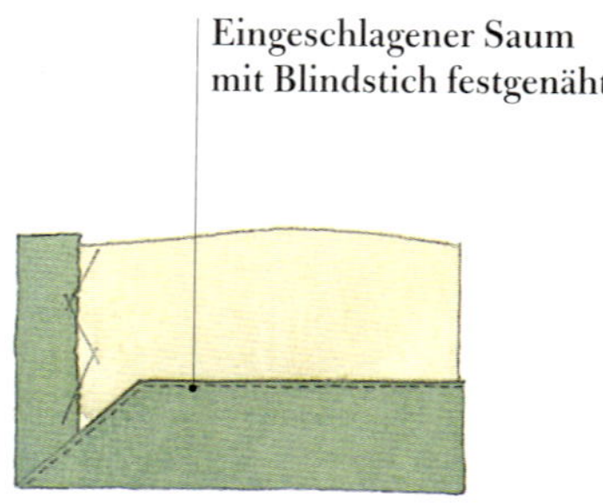

7 Stoff erneut einschlagen und anbügeln. Saumecke in der Schräge und an der Kante mit Blindstich festnähen (s. S. 44). Arbeitsschritte 5–7 zur Verarbeitung der anderen Ecke wiederholen.

Doppelter Futtersaum

Ein doppelter Futtersaum ist stabiler als ein einfacher und kann herausgelassen werden, falls das Futter einläuft.

Futter unten 5 cm einschlagen und anbügeln. Erneut 5 cm einschlagen. Anbügeln und dicht unter der Oberkante absteppen.

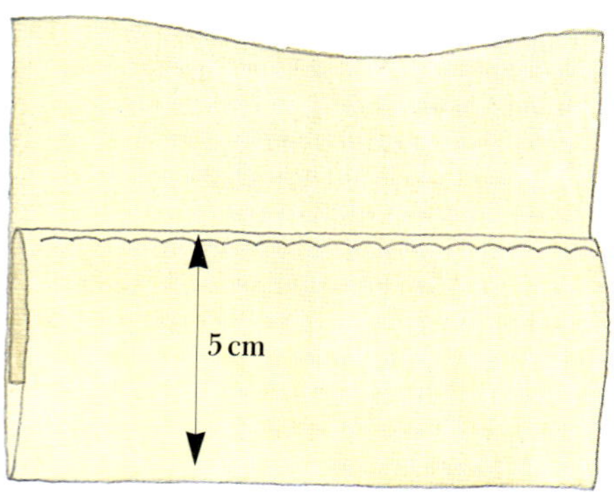

Vorhanggewichte einnähen

Vorhänge hängen schöner, wenn der Saum mit Gewichten in den Ecken und der Mitte jeder Bahn beschwert wird.

Gewicht auf die eine Hälfte eines Futterstücks legen (s. Abb.). Andere Hälfte darüberklappen und ringsum absteppen (s. Abb. außen). Kanten versäubern und (s. o. Schritt 5) nähen.

Französische Naht

Diese Naht wird verwendet, um ungefütterte Vorhänge und Rollos zur gewünschten Breite zusammenzusetzen.

Stoffstücke links auf links legen. Bei gemusterten Stoffen darauf achten, daß der Rapport stimmt. Heften (s. S. 44) und 6 mm vom Rand absteppen (s. o. Abb. links). Stoff auf die rechte Seite wenden und bügeln. Am Rand 1 cm vom Bruch so steppen, daß die darunterliegenden Schnittkanten eingenäht werden (s. o. Abb. rechts). Stoff auf die linke Seite wenden und Naht umbügeln. Heftfäden entfernen.

Überlappte Naht

Mit dieser Naht wird Einlagestoff zusammengenäht.

Stoffstücke mit der rechten Seite nach oben an der Nahtstelle etwa 2 cm übereinander legen. Überlappte Stelle mit Zickzackstich oder Steppstich zusammennähen.

Paspeln

Paspeln sind praktische Zierstreifen für die Seiten sowie Ober- und Unterkanten von Vorhängen und Rollos. Durch Schrägstreifen bleibt der Stoff an Ecken und Rundungen elastisch.

1 *Für Schrägstreifen die Schnittkante so auf die Webkante legen, daß der Stoffbruch diagonal verläuft, dann anbügeln.*

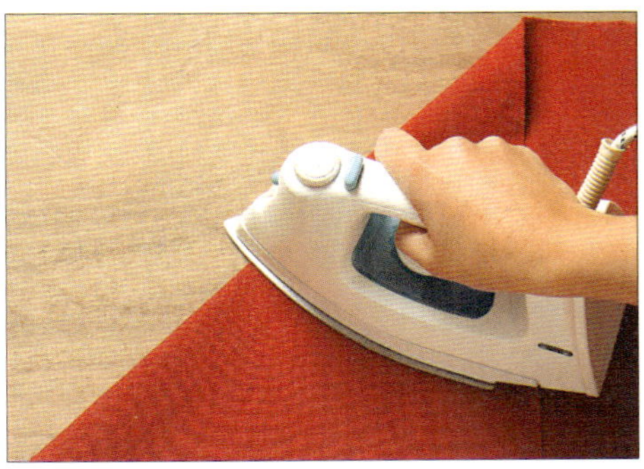

2 *Stoff wieder auffalten. Parallel zur diagonalen Bügellinie im Abstand von 5 cm Linien abstecken. Entlang der Linien 5 cm breite Streifen ausschneiden.*

3 *Zwei Streifen rechts auf rechts und im rechten Winkel mit Stecknadeln zusammenstecken. Die schmalen Kanten sollen fadengerade aufeinanderliegen.*

4 *An den Stecknadeln entlang steppen. Nahtzugaben auseinanderbügeln und überstehende Ecken abschneiden (s. Abb.). Schrägstreifen zur benötigten Länge zusammensetzen.*

5 *Streifen links auf links längs falten und eine Paspelschnur einlegen. Kante mit dem Kordel- bzw. Reißverschlußfuß der Nähmaschine oder einem schmalen Nähfuß neben der Schnur steppen.*

Gestaltung der Oberkante

Saumdurchzug

Beim Saumdurchzug wird die Stange durch einen „Stofftunnel“ geschoben, der direkt unter der Oberkante oder ein Stück nach unten versetzt ist (s. Schritt 2).

1 *Säume einschlagen. Für die Oberkante die doppelte Breite berücksichtigen. Der Durchzug soll mindestens 1,25 cm größer als der Stangendurchmesser sein. Saumnaht steppen.*

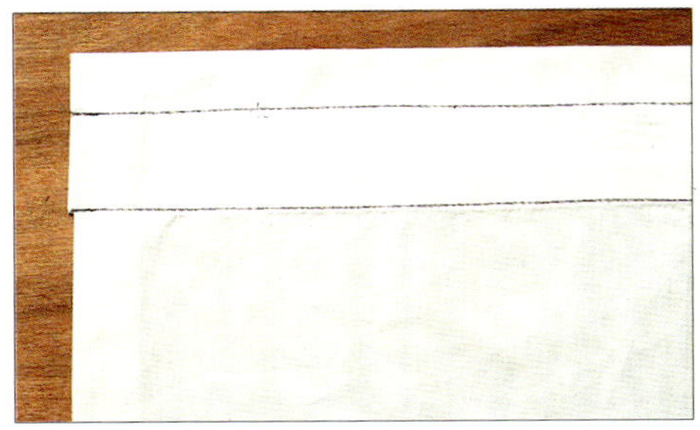

2 *Für einen nach unten versetzten Durchzug Saum 2,5 cm tiefer als bei Schritt 1 und doppelt breit einschlagen. Unten und 2,5 cm von der Oberkante entfernt steppen.*

Bleistiftfalten

Hier wird die Fältelung der Oberkante mit 7,5 cm breitem Faltenband erreicht.

1 *Einen einfachen Saum einschlagen. Die Breite sollte weniger als 7,5 cm betragen, damit der Saum vom Faltenband verdeckt wird. Faltenband dicht unter der Bruchkante anlegen. Die Enden nach innen einschlagen, ohne den Schnurzug dabei zu blockieren. Die Schnurenden an einem Ende verknoten und unter dem Faltenband festnähen. Schnüre am anderen Ende nicht annähen. Das Band am oberen und unteren Rand an die Oberkante steppen.*

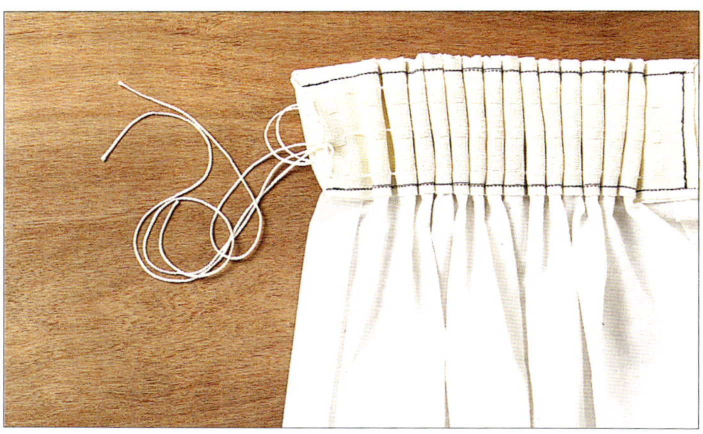

2 *Vorhang mit den Schnüren am unbefestigten Ende auf die gewünschte Breite zusammenziehen. Dabei die Falten gleichmäßig verteilen. Die Schnurenden mit einem Knoten sichern, aber erst nach Überprüfung der Breite vernähen.*

3 *An den Enden und im Abstand von 7,5 cm Haken in die Taschen des Faltenbands einhängen. Die Haken werden meistens in der mittleren Reihe befestigt, können aber auch in der oberen oder unteren eingehängt werden (s. Abb. innen).*

Kräuselung

Für diese leicht gefältelte Oberkante wurde ein 2,5 cm breites Faltenband auf die Stoffrückseite aufgenäht.

Faltenband je nach Vorhangart mindestens 2,5 cm unter der Bruchkante anbringen. – Das hier abgebildete Band wurde 5 cm nach unten versetzt. Faltenband wird in gleicher Weise an der Oberkante festgemacht und mit Haken versehen wie Faltenband für Bleistiftfalten (s. Schritte 1–3, s. 48). Allerdings hat 2,5 cm breites Faltenband nur eine Reihe von Taschen, in der Haken eingehängt werden können.

Angenähte Haken

Hier werden statt Faltenband längliche Haken, die in der Regel aus Messing sind, von Hand auf die Stoffrückseite genäht.

Haken an der Rückseite der Oberkante etwa 15–20 cm weit auseinander annähen. Die Haken sollen von vorn nicht sichtbar sein, es sei denn, dies wird bewußt beabsichtigt (s. Abb. links).

Ösendurchzug

Für diese Oberkante benötigt man einen Stanzstift und eine Metallscheibe als Unterlage, um passende Löcher in den Stoff zu stanzen. Die Ösen werden etwa 1,25 cm unter der Oberkante in einem Abstand von etwa 7,5–13 cm eingeschlagen.

1 *Stoff mit der linken Seite nach oben legen und Metallscheibe an die gewünschte Stelle unter den Stoff legen. Stanzstift mit der flachen Seite auf dem Stoff über der Scheibe ansetzen. Mit dem Hammer ein Loch für die Ösenringe einschlagen.*

2 *Den kleineren, inneren Ösenring von unten, d. h. der rechten Stoffseite, durch das Loch im Stoff stecken (s. Abb.). Den anderen Ring daraufstecken und den Stanzstift mit der Spitze nach unten in den Ring stecken. Mit ein paar kräftigen Hammerschlägen vernieten.*

Dreifachfalten

Diese elegant wirkende Oberkante besteht aus Dreifachfalten und ist besonders für bodenlange Vorhänge geeignet.

1 Gesamte Oberkantenlänge auf der linken Stoffseite einschlagen und anbügeln. (Hier mißt die Oberkantenlänge etwa 18 cm.)

2 Oberkante wieder auffalten. Einen Streifen aufbügelbares Steifleinen (Buckramstoff), das etwa 10 cm breit und 15 cm länger als die Oberkante breit ist, mit der unteren Kante an der Bügellinie (Saumbruch) ansetzen.

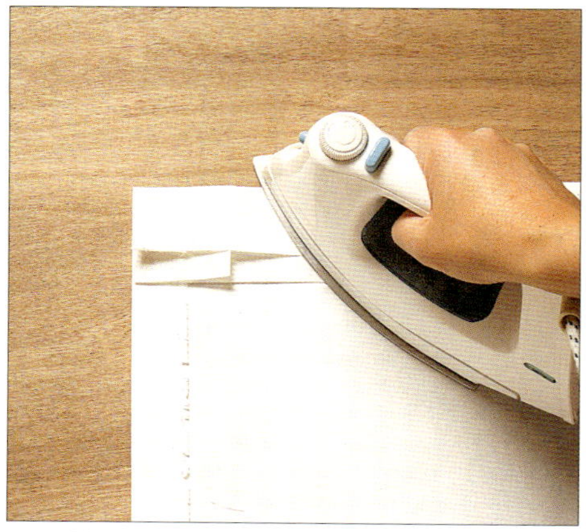

3 Überstehende Streifenenden einschlagen, den Saum von oben darüber falten und anbügeln. Durch die Hitze vom Bügeleisen löst sich der Klebstoff im Leinen und verbindet sich mit dem Stoff.

4 Den mit Leinen verstärkten Streifen falten, so daß der Saumbruch die obere Vorhangkante bildet. Erneut bügeln.

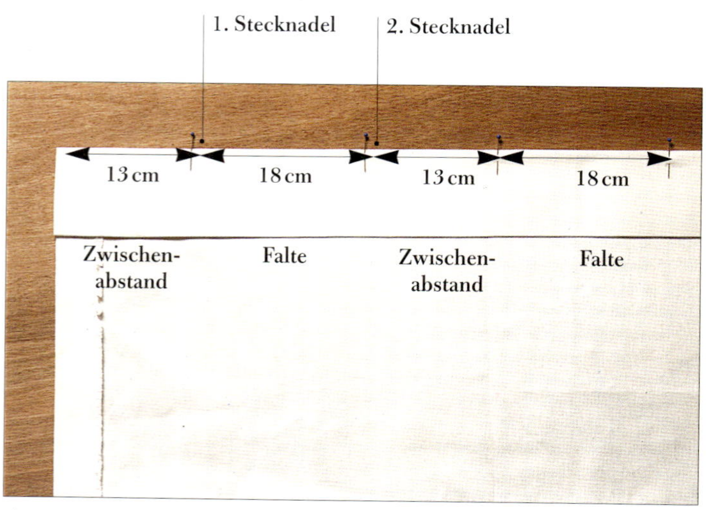

5 Position der Falten mit Stecknadeln markieren. Der Abstand vom Seitenrand bis zur ersten Falte beträgt in der Regel etwa 10–15 cm und ist gleich dem Abstand zwischen den einzelnen Falten, kann aber je nach Vorhang verkürzt bzw. verlängert werden. Im Bild oben beläuft sich der Abstand auf 13 cm und der Stoffbedarf pro Falte auf 18 cm.

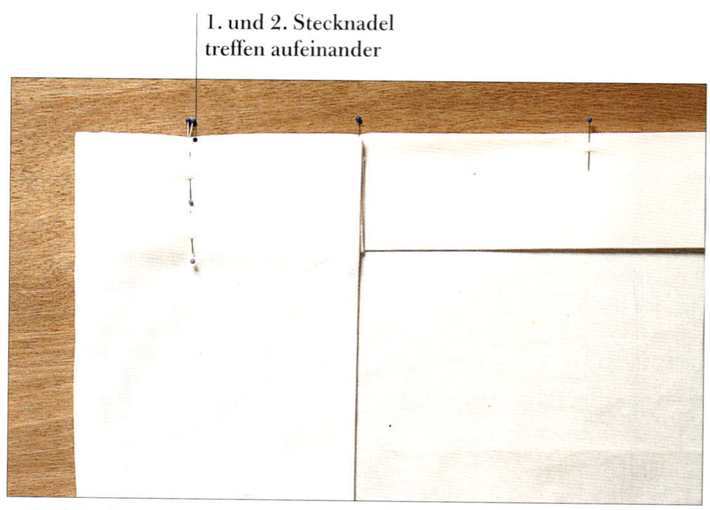

6 Oberkante mit linker Seite nach innen so einschlagen, daß die erste und zweite Stecknadel aufeinandertreffen. Falte mit Stecknadeln sichern. Stoff an der vierten Stecknadel auf die dritte Stecknadel falten und feststecken. In gleicher Weise die übrigen Falten legen. Falten von oben bis zur Unterkante des appretierten Gewebes absteppen.

7 Vorhang auf die rechte Seite wenden. Jede Falte glattstreichen, dann in der Mitte eine Falte „abkneifen" (s. Abb.). Faltenränder nach oben falten.

8 Bei allen Falten die Unterkante mit Riegelstich sichern (s. S. 45). Die Oberkante mit ein paar Stichen befestigen, damit die Falten ihre Form behalten.

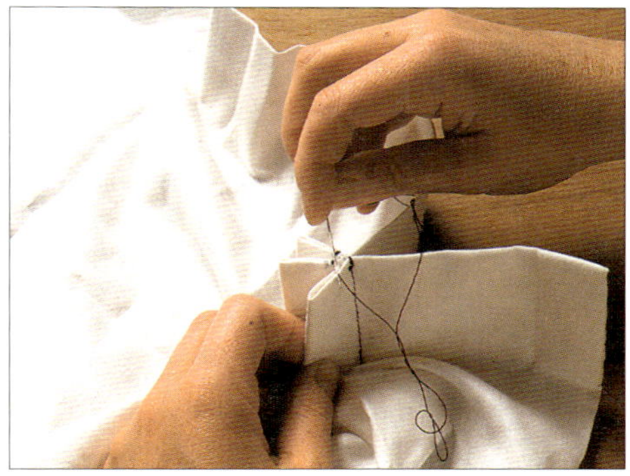

Kelchfalten

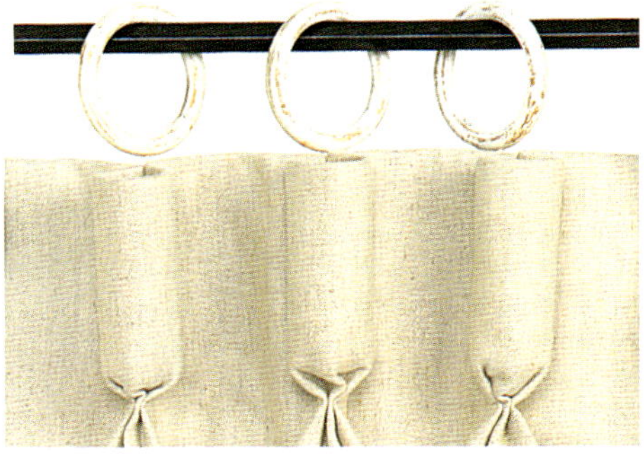

Bei dieser eleganten Oberkante werden die Falten in regelmäßigen Abständen gesetzt und ausgestopft, damit sie ihre Form behalten.

1 Arbeitsschritte 1–6 für Dreifachfalten befolgen (s. S. 50). Faltenunterseite auf der rechten Stoffseite zusammendrücken und mit Riegelstich sichern (s. S. 45).

2 Falten oben offen lassen und mit Watte ausstopfen. Die Watte fest andrücken, um den Falten die gewünschte Kelchform zu geben.

Kellerfalten

Diese handgenähten Falten sehen sehr adrett aus, eignen sich aber nicht für schwere Stoffe.

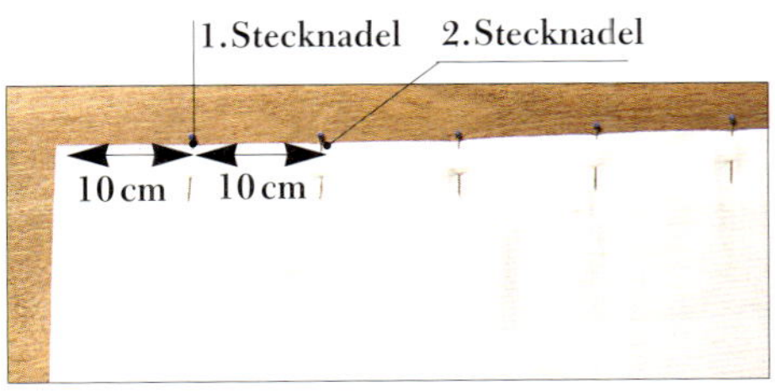

1 Vorhang der gewünschten Faltenbreite nach aufteilen und mit Stecknadeln markieren. Im Bild beträgt der Abstand zwischen den Markierungen, der gleich der vorderen Faltenbreite ist, 10 cm.

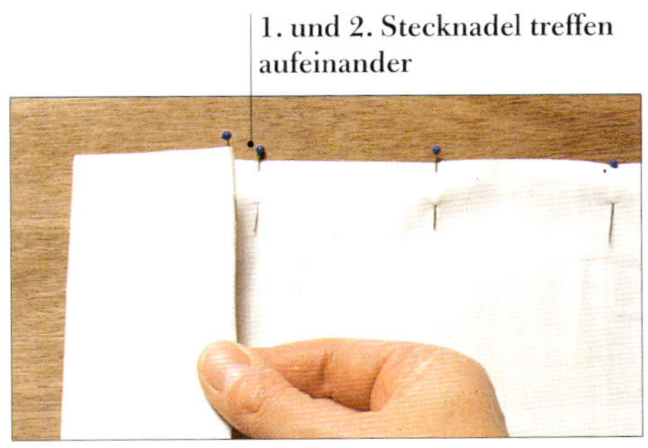

2 Stoff mit der rechten Seite nach oben legen. Den Stoff mit ersten Stecknadel auf die zweite falten.

3 Stoff an der dritten Stecknadelmarkierung auf die zweite Stecknadel falten und feststecken.

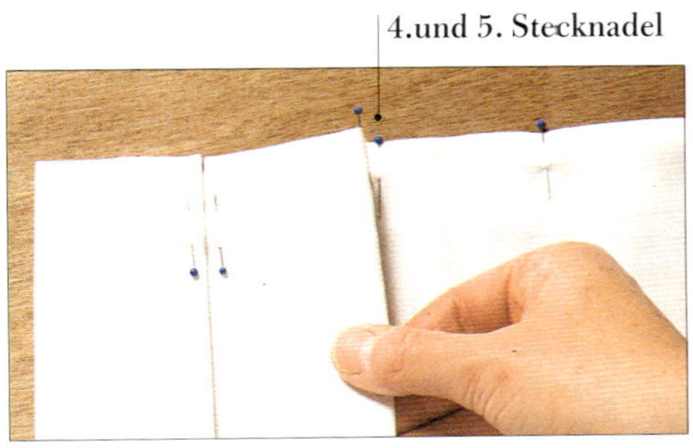

4 Für die zweite Falte die Stoffstelle mit der vierten Stecknadelmarkierung fassen und auf die fünfte legen. Vorgang auf der ganzen Breite wiederholen.

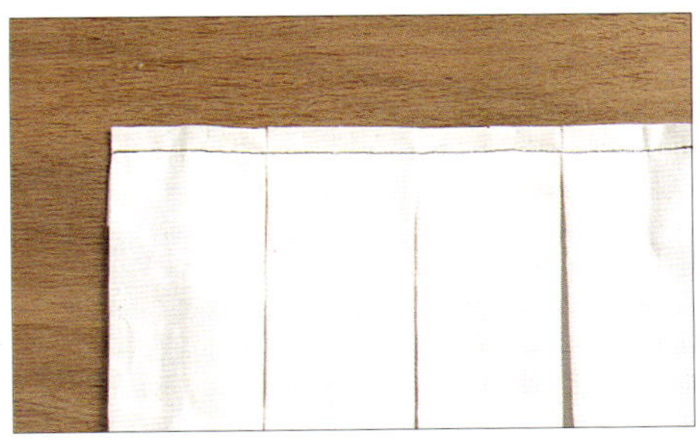

5 Falten an der Oberkante anbügeln und etwa 2,5 cm unter der oberen Bruchkante absteppen, damit sie die gewünschte Form beibehalten.

MONTAGE

Anbringen einer Vorhangstange

Vorhangstangen werden über dem Fenster an der Wand oder direkt am Fensterrahmen mit Holz- oder Metallhaltern befestigt. Eine Vorhangstange sollte möglichst breiter als das Fenster sein, damit sich die Vorhänge vom Fenster zur Seite schieben lassen. Vorhangringe werden auf der Stange aufgereiht; ein Ring wird jeweils rechts und links von den Haltern aufgehängt, um die Vorhänge in Position zu halten. Bei einem Einzelvorhang wird nur an einem Ende ein Ring gesetzt, damit sich der Vorhang ganz zur Seite schieben läßt. Vorhangstangen gibt es in verschiedenen Stilrichtungen und mit unterschiedlichem Durchmesser. Holzstangen können nötigenfalls abgesägt werden. Die folgenden Anleitungen sind allgemeine Hinweise, die sich einer Situation entsprechend abwandeln lassen.

1 Position der Vorhangstange über dem Fenster anzeichnen. Der Abstand zum Fenster beträgt meist etwa 10–15 cm, variiert aber von Fall zu Fall.

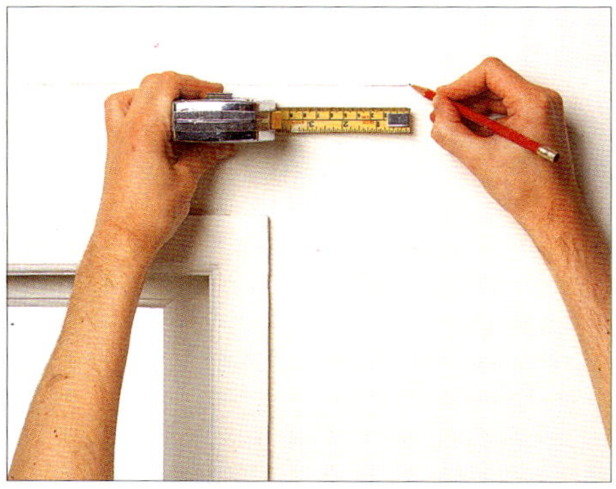

2 Die Position der Stangenhalter auf jeder Seite etwa 10 cm seitlich über dem Fenstersturz einzeichnen und waagerecht ausrichten.

3 Gemäß der Montageanweisung des Herstellers einen Halter montieren. Bei Haltern aus Holz wird eine Metallscheibe zwischen Wand und Haltern befestigt (s. Abb.).

4 Vorhangstange ohne äußere Ringe waagerecht anschrauben. Den zweiten Stangenhalter montieren. Schrauben auf der Unterseite der Halter anziehen, damit nichts verrutscht.

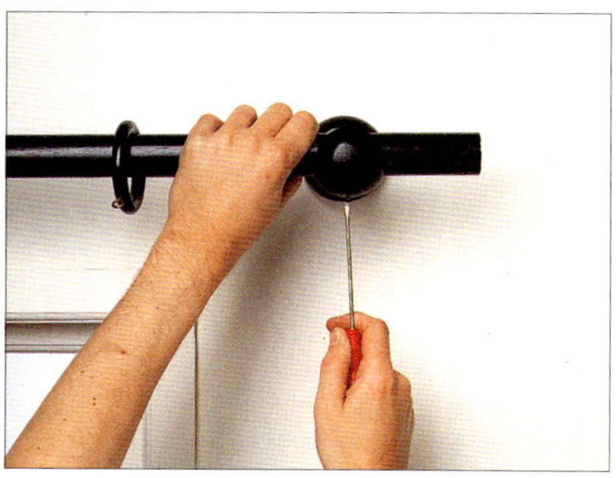

5 Die beiden äußeren Ringe am Stangenende aufhängen. Endstücke auf die Stange stecken. – Die beiden Ringe hängen nun jeweils zwischen Halter und Endstück.

Vorhangstangen mit Rahmenbefestigung

Es gibt spezielle, dünne Halter für Vorhangstangen, die am Fensterrahmen befestigt werden, wenn an der Wand neben oder über dem Fenster kein Platz ist oder eine Wand für das Stangengewicht nicht stabil genug ist. Diese Halter bestehen meist aus Messing oder Metall und werden mit passenden Schrauben am Rahmen angebracht. Zur Montage Position der Halter bestimmen, Schraubenlöcher anzeichnen und bohren und Halter anschrauben. Der Sitz der Vorhangstange wird an der Vorderseite der Halter mit Schrauben gesichert.

Anbringen einer Vorhangstange in einer Fensternische

Für die Anbringung von Vorhangstangen in Nischen gibt es spezielle Hülsen, die seitlich befestigt werden und die Stange auf jeder Seite umschließen. Bei Aufhängung mittels Saumdurchzug wird diese Hülse vom Vorhang vollständig verdeckt. Es gibt auch Wandhalter, die aus Platzmangel an einer angrenzenden Wand befestigt werden.

1 An der Nischenwand anzeichnen, wo die Hülsen angebracht werden sollen. – Der Abstand zum Fenstersturz hängt von der Stoffhöhe über dem Durchzug ab. – Hülsen festschrauben.

2 Abstand zwischen den zwei Hülsen abmessen und Stange etwa 3 mm kürzer absägen. Stange in die Hülsen stecken. Hülsenvorsatz, mit dem die Stange festgehalten wird, auf jeder Seite an die Hülsen ansetzen.

3 Diese schlanke Halterung eignet sich für leichte Vorhänge, die mittels kleiner Ringe oder Saumdurchzug aufgehängt werden. Für dickere Stangen, die an einer angrenzenden Wand befestigt werden, gibt es seitliche Stangenhalter.

SCHIENENMONTAGE

Es gibt eine große Auswahl an Vorhangschienen zur Befestigung an der Wand über dem Fenster oder an der Oberkante des Fensterrahmens. Ein einfaches Modell (s. Abb.) besteht aus kleinen Wandhaltern, die in regelmäßigen Abständen an die Wand geschraubt werden, und der Schiene mit Gleitern. Die Schiene wird in die Wandhalter eingeklemmt. Die Montage einer Schiene, die abgewinkelt, der Rundung eines Erkerfensters angepaßt oder von einer Schabracke verdeckt werden soll, wird am besten dem Fachmann überlassen.

Angeschraubter Wandhalter

In Wandhalter eingeklemmte Schiene

Gleiter zum Einhängen von Haken

Rollos mit Schnurzug

Rollos mit Schnurzug funktionieren immer nach dem gleichen Prinzip. Zwei oder drei Schnüre werden jeweils mit einem Ring am unteren Rand befestigt und durch Ringe auf der Rollorückseite und eine abschließende Ringschraube an der oberen Leiste gezogen. Die Schnüre werden dann entlang der Oberseite zur einen Seite des Rollos geführt, wo die losen Enden durch einen Zugknopf gezogen und verknotet werden. Um das Rollo nach oben zu ziehen, zieht man am Zugknopf und wickelt die Schnur um eine an der Wand angeschraubte Krampe.

Faltrollo (s. S. 96–99)

Auf der Rückseite dieses Rollotyps werden Querstäbe in Stofftunnel gesteckt, die in regelmäßigen Abständen angenäht sind (s. S. 98).

1 *Stofftunnel 10 cm über der unteren Rollokante und dann im Abstand von 20–30 cm bis auf mindestens 35 cm unter der Oberkante auf die Rückseite nähen.*

2 *Ringe entlang der Mitte und 5 cm seitlich nach innen versetzt an die Stofftunnel nähen.*

3 *Ringschrauben oberhalb der Ringe an der Leiste befestigen (s. S. 55). Eine weitere Ringschraube 2,5 cm seitlich nach innen versetzt an der Leiste für den Schnurzug anbringen.*

4 *Eine Schnur für jede Reihe verwenden: durch den unteren Ring, die darüberliegenden Ringe und oben durch die Ringschraube ziehen. An der Leiste alle Schnüre seitlich durch die Ringschrauben und die extra Öse ziehen.*

5 *Die Schnüre straff durch den Zugknopf ziehen, gerade abschneiden und verknoten.*

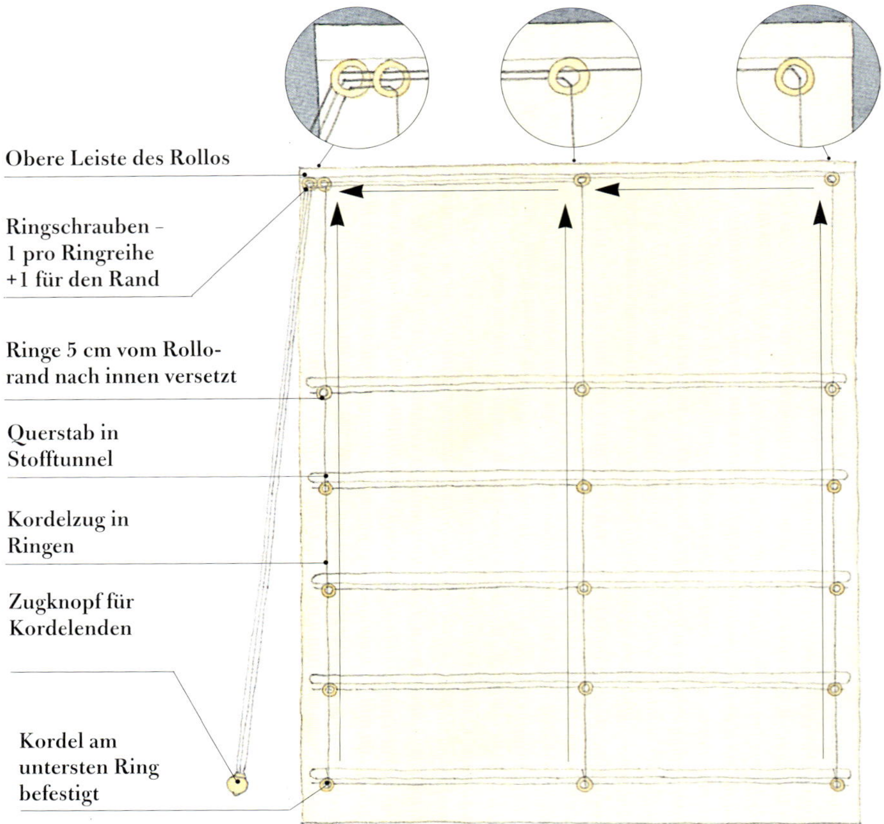

Einfaches Raffrollo (s. S. 108–111)

Diese Rolloart hat keine Querstäbe und nur zwei Reihen Ringe.

- *Die Ringe in zwei Reihen 10 cm vom Seitenrand nach innen versetzt, 5 cm vom unteren Rand, im Abstand von 15 cm zueinander und mindestens 20 cm unter der Oberkante annähen.*

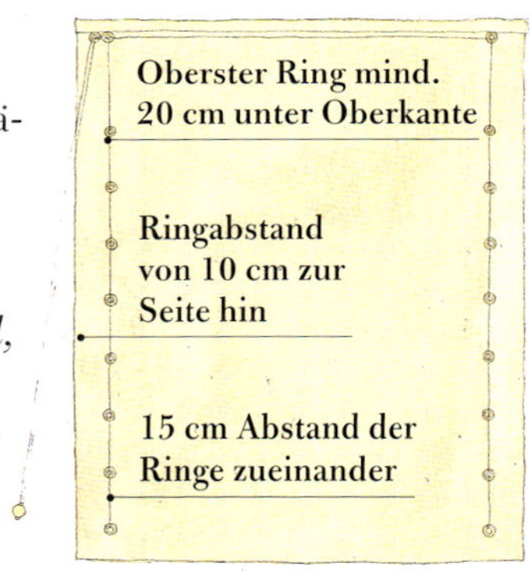

Bauschrollo mit Mittelfalte (s. S. 112–117)

Dieses Rollo wird ohne Querstäbe mit zwei Reihen Ringen genäht.

- *Ringe 10 cm von den Seitenrändern nach innen versetzt im Abstand von 30 cm zueinander, 5 cm von der Unterkante und mindestens 45 cm unter der Oberkante annähen.*

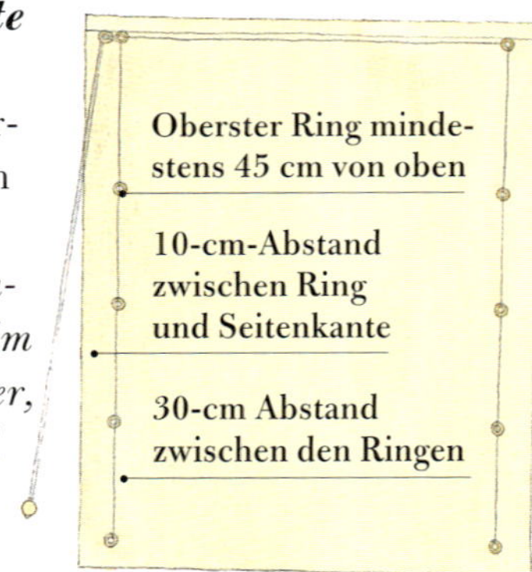

Raffrollo mit Querstab unten (s. S. 104–107)

Dieses Rollo unterscheidet sich vom einfachen Raffrollo durch den Querstab an der Unterkante.

- *Querstab 15 cm über der Unterkante und unterste Ringe 15 cm über dem Querstab anbringen. Für die übrigen Ringe wie beim Faltrollo verfahren.*

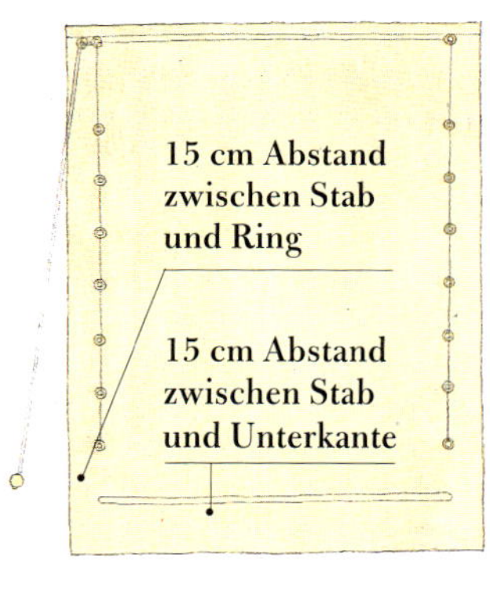

Bauschrollo mit mehreren Längsfalten (s. S. 118–123)

Hier wird entlang jeder Falte eine Reihe Ringe angenäht.

- *Ringe wie beim Rollo mit Mittelfalte setzen; zusätzlich an den Falten.*

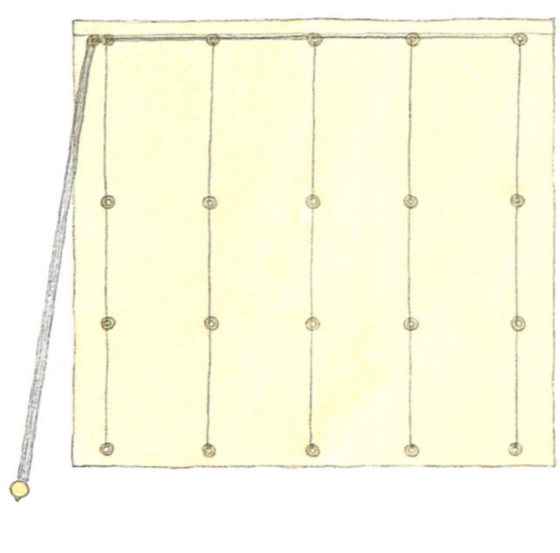

Leistenaufhängung für Rollo

Rollos werden meistens an einer 5 x 2,5 cm starken Holzleiste befestigt, die genauso breit wie das Rollo ist. Für leichtere Rollos genügt auch eine 2,5 x 2,5 cm starke Leiste. Um eine 5 x 2,5 cm starke Leiste mit Rollostoff zu beziehen, benötigt man eine Stoffzugabe von mindestens 25 cm.

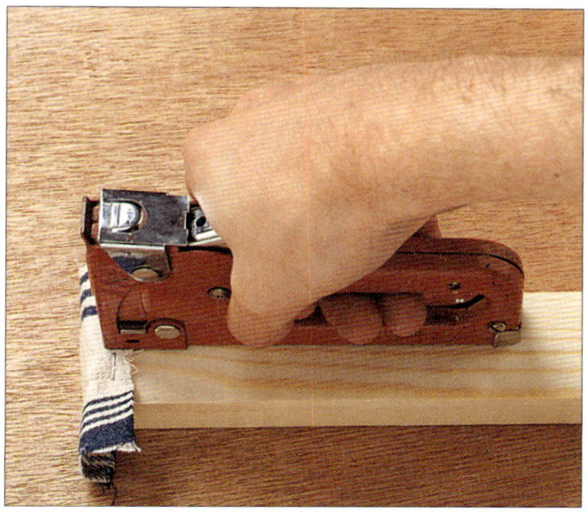

1 *Zwei 7,5 cm große Quadrate aus Rollostoff ausschneiden. Ein Quadrat über das eine Leistenende legen und von oben und unten an der Breitseite mit dem Tacker anheften.*

2 *Zur Verkleidung der Leistenenden Stoff an beiden Schmalseiten glatt einschlagen. Bei Deckenmontage Löcher für die Aufhängung in die Leiste bohren (s. S. 56).*

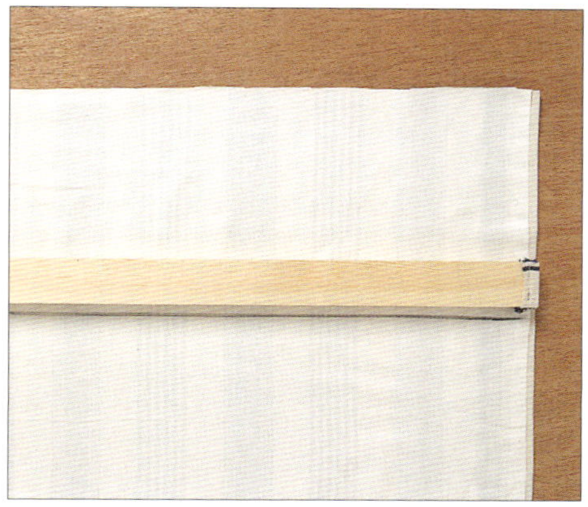

3 *Obere Umbruchlinie auf der Linksseite des Stoffs anzeichnen. Leistenunterkante (am fertigen Rollo die Oberseite) oben an die Linie legen.*

4 *Leiste von der markierten Linie nach oben umdrehen, bis die gleiche Seite wieder oben liegt (360 Grad).*

5 *Den Stoff oberhalb der Leiste überschlagen, nötigenfalls gerade abschneiden, und anheften.*

6 *Leiste bis zur Markierungslinie rollen. – Die Oberkante der Leiste stößt wieder an die Markierung.*

7 *Mit einem Stechbohrer die Position der Ringschrauben für den Schnurzug markieren. Dabei sollen die Ösen eine vertikale Reihe mit den Ringen bilden.*

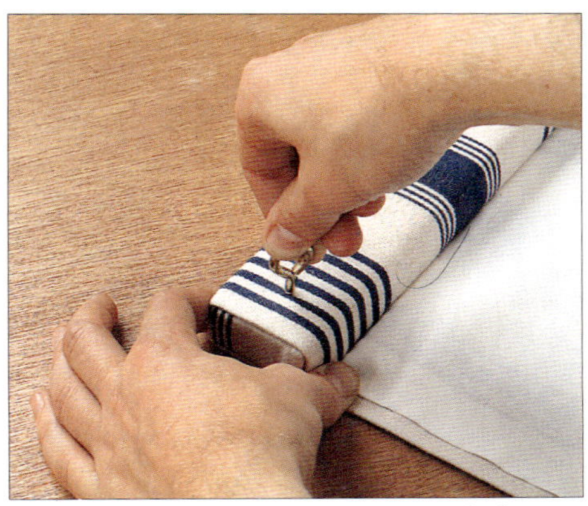

8 *Ringschrauben in die vorgebohrten Löcher drehen. Nicht zu fest drehen, damit der Stoff sich nicht verzieht.*

Verkleidung einer Leiste mit Retouren

Wenn die Kordelringe nahe an den Seitenrändern sind, ist es sinnvoll, sie mit einer Retoure zu verdecken. Die Leiste wird dazu mit Futterstoff verkleidet, und die Enden werden eingeschlagen. Für die Einfassung mit Retouren muß man seitlich zusätzlich 5 cm Stoff am Saum zugeben.

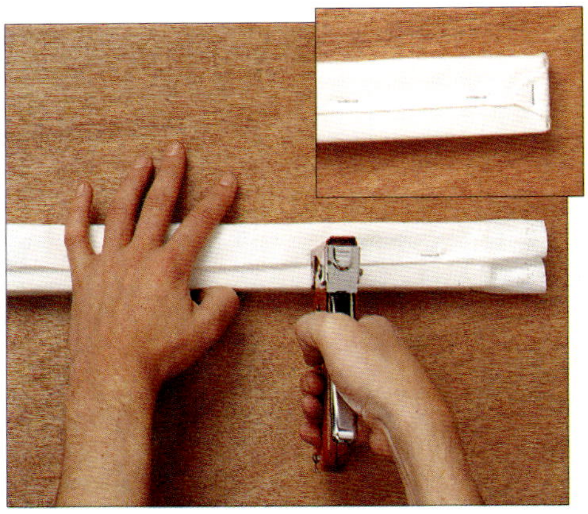

1 *Um eine gewöhnliche 5 x 2,5 cm starke Leiste zu bespannen, ein Stück Futterstoff ausschneiden, das 18 cm breit ist und so lang wie die Leiste plus einer Zugabe von 10 cm, um die Enden einzuschlagen. Die Leiste mit dem Stoff verkleiden, Schnittkanten einschlagen und mit dem Tacker anheften. Stoff an den Enden wie ein Paket einschlagen und anheften.*

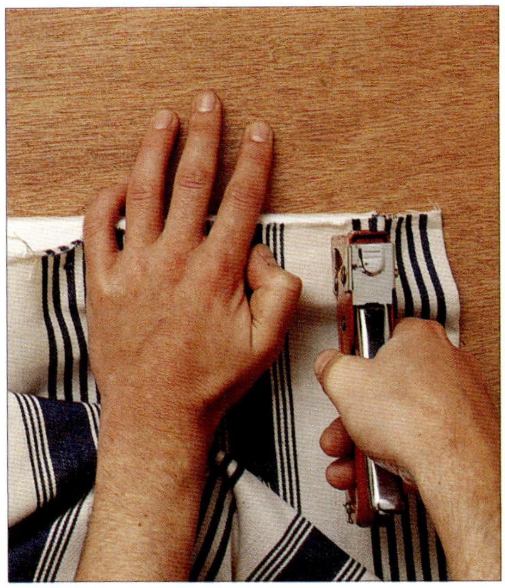

2 *Rollostoff mit der rechten Seite nach oben auf die Breitseite der überzogenen Leiste legen. Dabei soll auf jeder Seite etwa 5 cm Stoff überstehen. Stoff mit dem Tacker an die Leiste heften.*

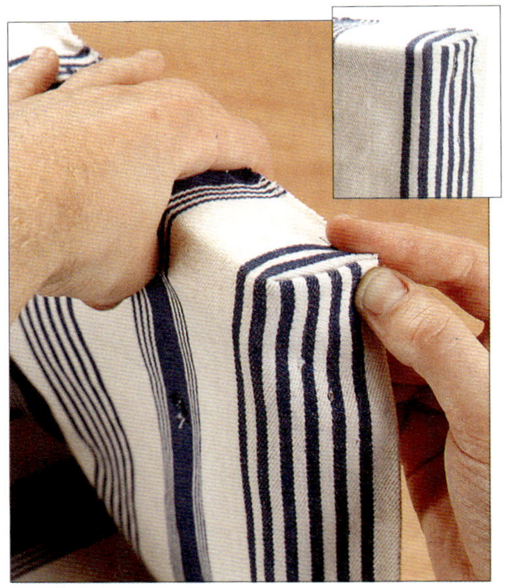

3 *Überstehenden Stoff auf jeder Seite glatt gegen die Leistenenden legen (s. Abb.) und anheften. Ringschrauben eindrehen, wie unter „Leistenaufhängung für Rollo" beschrieben (s. S. 55).*

Leistenmontage an der Decke

Für die Deckenmontage kann eine Schraube einfach durch die Leiste in die Decke gedreht werden. Diese Möglichkeit bietet sich dann an, wenn das Rollo vorn in einer Nische hängen soll oder wenn nicht genügend Platz für Halter am Fensterrahmen ist (s. S. 57). Die Verwendung von Schrauben und Dübeln verleiht der Halterung Stabilität.

1 *Vor dem Bespannen der Leiste mit Stoff die Schraubenlöcher mindestens 10 cm nach innen versetzt auf der Breitseite anzeichnen und bohren. An diesen Stellen keine Ringschrauben einplanen.*

2 *Nach dem Verkleiden der Leiste (s. S. 55) Stoff über den Bohrlöchern ausschneiden. Leiste in Position halten und die Bohrlöcher an der Decke markieren. Löcher in die Decke bohren, Dübel einsetzen und Leiste anschrauben.*

3 *Im Bild ist das Rollo genau in die Fensterlaibung eingepaßt. In gleicher Weise wie eine Leiste in einer Nische montiert wird, kann sie auch an der Decke angebracht werden.*

Leistenanbringung mit Winkelkonsolen

Das Rollo mit der bespannten Leiste wird von Winkeln am Fensterrahmen oder an der Wand getragen. Die Aufhängung erfolgt wie bei der Montage in der Fensterlaibung (s. Abb.).

1 *Das fertiggestellte Rollo über dem Fenster in Position halten und mit Bleistift die Unterkante für die Position der Winkelhalter markieren.*

2 *Winkel auf jeder Seite des Fensters so in Position halten, daß sie oben an die Bleistiftmarkierung stoßen. Die Schraubenlöcher mit Bleistift markieren.*

3 *Die Schraubenlöcher an den Seiten bohren und Winkelhalter mit Oberseite an der Bleistiftmarkierung positionieren. Schrauben eindrehen und festziehen.*

4 *Rollo mit Leistenunterkante an die Bleistiftmarkierung auf die Winkel legen. Die Schraubenlöcher in der Konsole jeweils mit Bleistift auf der Leistenunterseite anzeichnen.*

5 *Rollo wieder von den Winkelkonsolen nehmen. Mit einem Stechbohrer durch den Stoff stechen und Bohrlöcher auf jeder Seite der Leiste markieren.*

6 *Rollo wieder auf die Winkelkonsolen legen. Schrauben auf jeder Seite durch die Halter in die Leiste drehen, damit die Leiste nicht verrutscht.*

Dekorationsvorschläge

UNGEFÜTTERTE GARDINEN

GARDINEN sind einfach herzustellen. Es handelt sich um einen quer über das Fenster an einer dünnen Stange aufgehängten Stoff mit einem Doppelsaum an den Seitenrändern und der Unterkante und einem Durchzug für die Stange an der Oberkante.

Gardinen können zur Seite geschoben werden, doch glänzender, durchscheinender Gardinenstoff – hier im Bild ein cremefarbener Baumwollmusselin – läßt auch zugezogen genug Licht durch.

Fenstertyp

• Gardinen passen zu fast jeder Art von Fenster oder Raum. Besonders gut machen sie sich an kleinen Fenstern, wo kunstvoll komplizierte Arrangements nicht wirken, oder an größeren, bewußt schlicht gehaltenen Fenstern.
• Die durchscheinenden Stores können als Dekorationselement alleine oder kombiniert unter dickeren Übergardinen verwendet werden. Langstores wirken besser, wenn sie auf dem Boden aufbauschen, anstatt nur knapp über dem Boden zu hängen.
• Durchscheinende Stoffe filtern das Licht. Sie schützen Möbel und textile Einrichtungsgegenstände vor Sonne und verschleiern einen unerwünschten Fensterblick.

Stoffwahl

• In diesem Fall kommen einfache oder beidseitig gleiche Stoffe, zum Beispiel Gingan, am besten zur Geltung. Stoffe mit komplizierter Webstruktur oder Muster auf der Rückseite eignen sich nicht.
• Hervorragend geeignet sind schwere, grobe Stoffe mit lockerer Gewebebindung, zum Beispiel Rupfen.

Variationen

• Stores können, statt mit Saumdurchzug mit Ringen an einem 2,5 cm breitem Gardinenband gekräuselt aufgehängt werden.
• Für mehr Wärme und Behaglichkeit kann statt Stores karierter Deckenstoff aus Wolle verwendet werden.
• Mit Borten und Bordüren können bewußt Farbakzente und Kontraste gesetzt werden.

MATERIALIEN

Stoffbedarf für Gardine

Breite

Gesamtbreite (s. S. 38–39) plus 8 cm für Saumzugaben

Länge

Gesamtlänge (s. S. 38–39) plus 12 cm für Saumzugaben plus Zugabe für oberen Durchzug (s. S. 40)

Zubehör

Gardinenstange

Dünne Stange, passend für das Fenster, die mit Hülsenhaltern seitlich in der Laibung befestigt wird (s. S. 53).

Arbeitsschritte

1 *Um bei durchscheinenden oder sehr dünnen, leichten Stoffen sehen zu können, ob die Saumkanten gerade und rechtwinklig verlaufen, mit dem Bleistift eine leichte Linie auf dem Stoff ziehen und einen Faden entlang der Linie herausziehen.*

2 *Stoff mit der rechten Seite nach oben legen und an jeder Seite einen 2 cm breiten Doppelsaum einschlagen. Anbügeln und mit Stecknadeln sichern.*

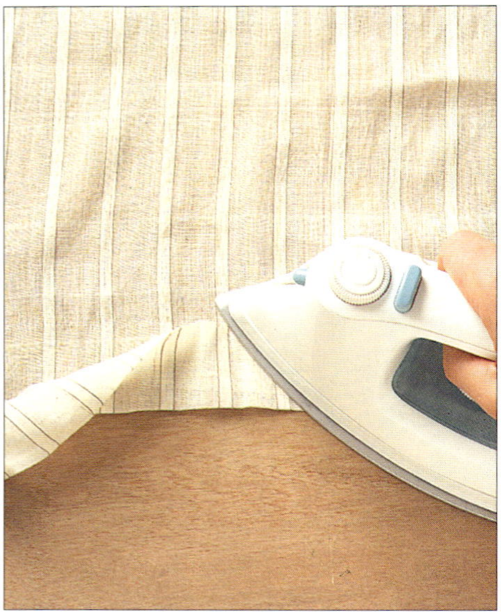

3 *An der unteren Stoffkante einen 5 cm breiten Doppelsaum einschlagen, anbügeln und feststecken.*

4 *Mit der Nähmaschine die seitlichen Säume steppen. Darauf achten, daß die Säume und Nähte gerade sind.*

5 *Unteren Gardinensaum steppen. Prüfen, ob Naht und Saum gerade sind.*

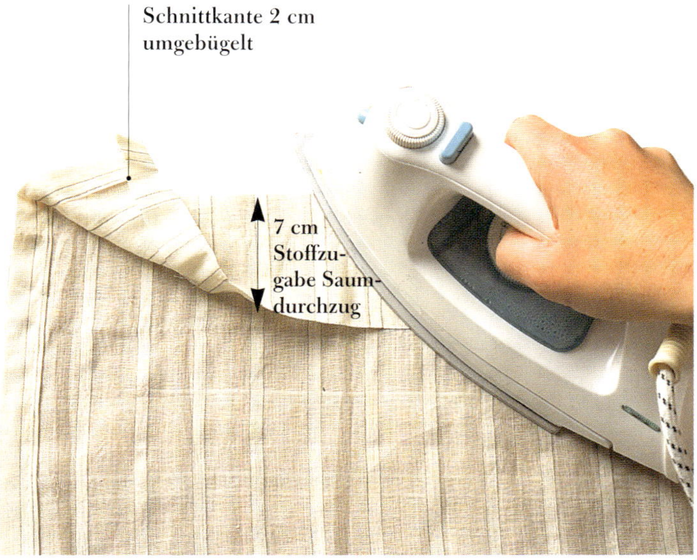

6 *Obere Schnittkante 2 cm umbügeln. Die Stoffzugabe für den Saumdurchzug der Gardinenstange – im Beispiel hier sind es 7 cm – einschlagen, umbügeln und mit Stecknadeln feststecken.*

7 *Mit der Maschine 2 cm von der oberen Bruchkante und an der unteren Kante des umgeschlagenen Saums für den Durchzug absteppen. Schritte 2–7 für den zweiten Store wiederholen. Gardinen auf die Stange ziehen und Stange an den Haltern (s. S. 53) aufhängen.*

VARIATION ZU GARDINENSTORES

Statt durchscheinendem Material wurde hier ein dicker Wollstoff verwendet, der Wärme und Behaglichkeit ausstrahlt. Deckenstoff kann gut ungefüttert verarbeitet werden, da er beidseitig gleich aussieht. Statt einem Stangendurchzug haben diese Vorhänge an der Rückseite der Oberkante zur Befestigung der Vorhangringe aufgenähte Haken (s. S. 49).

Doppelter Vorhang

Im Mittelalter wurden kalte Wände oder zugige Eingänge oft mit Stoff abgedeckt. Heute sind die meisten Häuser mit Zentralheizung ausgestattet, und es besteht kein Bedarf an textilem Abdichtungsmaterial zum Schutz vor Kälte und Zugluft. Der hier abgebildete Vorhangschal mit von Hand angenähten Haken zur Befestigung der Ringe strahlt geschichtliche Größe und Eleganz aus.

Der Vorhangschal im Bild rechts wurde aus schwerem, besticktem Chenillegewebe genäht und an einer dicken Holzstange über dem Türrahmen befestigt. Der Raffhalter mit Quastenkordel verleiht Form und hält den Durchgang frei. Da der Vorhang so hängt, daß beide Seiten sichtbar sind, wurde er mit einem genauso reizvollen, kaum gemusterten, doch farblich kräftigen Chenillestoff besetzt.

Fenstertyp

- Diese Art von Vorhang ist nicht fürs Fenster gedacht. Da er beidseitig verwendbar ist, kommt er besser im Raum zur Geltung.
- Ein beidseitig verwendbarer Vorhang eignet sich gut als Raumteiler. Dabei braucht er nicht durch das ganze Zimmer gezogen zu sein; es genügt, ihn an einer kurzen, an der Wand montierten Stange aufzuhängen.
- In einem großen Flur oder Vorraum läßt sich manchmal eine Arbeitsnische einrichten. Durch einen beidseitig verwendbaren Vorhang wird der Arbeitsplatz abgetrennt, ohne daß eine extra Tür eingebaut oder Wand gezogen werden müßte.

Stoffwahl

- Schwerer Stoff wirkt hier am schönsten und schützt zudem effektiv vor Zugluft.
- Die beiden gewählten Stoffe sollten gut zusammenpassen. Zusätzlich muß in Erwägung gezogen werden, ob der Vorhang farblich und stilistisch verschieden gestaltete Räume trennt. Besonders gut wirkt der Vorhang mit Stoffen im gleichen Muster, aber unterschiedlicher Farbe auf jeder Seite.
- Da die Kanten der beiden Stoffe aufeinander genäht werden, sollten die gewählten Stoffe etwa gleich schwer sein, sonst verzieht sich der Vorhang.

Variationen

- Anstelle der unscheinbar gestalteten Oberkante im Beispiel hier können dicke Ösen eingeschlagen und eine Stange durch die Ösen gezogen werden. Es können auch Riegel oder Schleifen an der Oberkante befestigt werden.
- Durch Borten oder Einfassungen kann dem Vorhang zusätzlich Farbe und Stand verliehen werden.
- Die unterschiedlichsten Raffhalter aus den verschiedensten Materialien können passend ergänzt werden.

MATERIALIEN

Stoffbedarf für Vorhangstoff

Breite

Gesamtbreite (s. S. 38–39) plus 4 cm für Saumzugaben

Länge

Gesamtlänge (s. S. 38–39) plus 4 cm für Saumzugaben

Stoffbedarf – Futterstoff

Breite

wie Vorhangstoff

Länge

wie Vorhangstoff

Zubehör

Haken

Gesamtbreite in cm geteilt durch 20 plus 1 gleich Anzahl der benötigten Haken. Die Haken müssen dick genug sein, um den Stoff zu halten.

Stange

Mindestens 90 breiter als der Eingang, soll auf jeder Seite mindestens 45 cm überstehen.

Arbeitsschritte

1 *Vorhangstoff und Besatzstoff mit der rechten Seite nach innen Kante auf Kante legen. Die Kanten genau aufeinanderlegen und mit Stecknadeln feststecken.*

2 *Mit der Maschine den Vorhangstoff und den Besatzstoff an den Seiten bis auf 2 cm vom oberen und unteren Rand steppen. Ober- und Unterkante noch nicht zusammennähen. Stoff wenden.*

3 *Seitenränder bügeln. Überprüfen, ob die oberen Kanten fadengerade aufeinanderliegen und das Muster auf beiden Seiten richtig verläuft. Von beiden Stoffen oben einen 2 cm breiten Saum einschlagen und anbügeln. Für den unteren Saum genauso verfahren. Stets auf den Musterverlauf achten.*

4 *Vorhangstoff und Besatzstoff an der Oberkante mit Blindstich (s. S. 44) zusammennähen. Für Unterkante genauso verfahren.*

5 *Je einen Haken in die Ecken der Oberkante nähen. Übrige Haken im Abstand von 20 cm nahe der Oberkante, aber von vorn nicht sichtbar plazieren. Mit Knopflochstichen von Hand verriegeln (s. S. 45).*

6 *Zur Montage der Stange an der Wand und Aufhängung des Vorhangs s. S. 52. Den letzten Ring auf der einen Seite zusammen mit den anderen Ringen auf die Stange schieben, wenn der Vorhang auch zugezogen werden sollen. Bei stets gleicher Position über dem Eingang den letzten Ring außerhalb des Halters auf die Stange stecken (s. Abb. rechts).*

VARIATIONEN FÜR EINFACHE VORHÄNGE

Beide unten abgebildeten Vorhänge beweisen, wie Wirkung auch durch Schlichtheit erzielt werden kann. Auch hier sind in die Oberkante keine Falten gelegt oder Faltenband zur Kräuselung eingenäht worden, trotz des viel leichteren Gewebes. Die Vorhänge werden nicht mit Haken, sondern mit Schleifen an den Ringen befestigt. Der Stoff fällt daher sehr locker. Zur Betonung der Form und um dem Arrangement eine besondere Note zu geben, ist die Oberkante aus dem gleichen Material wie die Schleifen gearbeitet.

VORHANGSCHAL MIT KELLERFALTEN

Dieser auffallend gestreifte Vorhangschal spricht für sich selbst. Trotz der Kellerfalten an der Oberkante besteht er im wesentlichen aus einem geraden, an einer schlichten schmiedeeisernen Stange aufgehängten Stoffschal. Die Oberkante ist durch eine Borte aus Wollplaid abgesetzt. Sie verleiht dem Vorhang einen attraktiven, sauberen Abschluß und läßt die Falten des auf dem Boden aufgebauschten Arrangements auch weiter unten füllig aussehen. Der Vorhang ist mit an der Oberkante angenähten Haken an den Ringen der Stange befestigt. Die Stange ist so breit, daß der Vorhang auch problemlos zur Seite geschoben werden kann.

Fenstertyp

• Ein einzelner Vorhangschal wirkt zum Beispiel bei einem Fenster in einer Ecke oder bei einer Fenstertür besser als ein Doppelvorhang. Bei zwei nebeneinander liegenden Fenstern wird der Lichteinfall dadurch maximiert.

• Bei einem hohen Fenster über einer Treppe, wo der Abstand des Fensters zum Boden unterschiedlich groß ist, deckt ein einzelner Vorhangschal nicht nur einen Teil der freien Wand ab, sondern trägt zur Ausgewogenheit bei.

• Oberkanten mit Kellerfalten sollten sichtbar sein und nicht hinter Querbehängen versteckt werden. Sie wirken am besten, wenn sie relativ glatt hängen.

Stoffwahl

• Die Stoffwahl muß zu dem maßgeschneiderten, ordentlichen Aussehen des Kellerfalten-Arrangements passen. Uni gefärbte Stoffe und Streifenmuster sind sehr wirkungsvoll.

• Kellerfalten wirken bei auffallend gemusterten Stoffen unstrukturiert und unordentlich.

• Steife Stoffe, wie Baumwolle und Leinen, eignen sich gut für Falten, und auch Bügelfalten halten gut. Füllige, sehr weiche Stoffe hingegen sind weniger geeignet.

• Bei ungefütterten Vorhängen, wie dem rechts abgebildeten, sollte der Stoff beidseitig attraktiv aussehen.

Variationen

• Im Bild liegen die Kellerfalten dicht nebeneinander und werden durch die Borte an der Oberkante zusammengehalten. Wenn zwischen den einzelnen Falten ein Abstand gelassen wird, ist die Wirkung gleich ganz anders.

• Für ein auffälligeres Arrangement können die Abstände zwischen den Falten oder die Falten selbst durch einen anderen Stoff abgesetzt werden. Dazu werden einzelne Stoffstreifen zusammengefügt und nach dem Aufnähen in Falten gebügelt.

• Für eine schnelle Drapierung werden Falten in die Oberkante nur eingebügelt, nicht angenäht, und mit Clips an den Ringen der Vorhangstange aufgehängt.

MATERIALIEN

Stoffbedarf für Vorhangstoff

Breite

Gesamtbreite (s. S. 38–39) plus Stoffzugabe für Kellerfalten (s. S. 40) plus 8 cm für Doppelsaum

Länge

Gesamtlänge (s. S. 38–39) plus 10 cm für unteren Saum plus 2 cm für oberen Saum

Stoffbedarf für Bordüre

Breite

Gesamtbreite des Vorhangs plus 2 cm für Nahtzugaben

Länge

Doppelt so groß wie Bordüre (in Abb. ist 5 cm) plus 4 cm für Saumzugaben

Zubehör

Haken

Gesamtbreite in cm geteilt durch 15 plus 1 gleich benötigte Anzahl der Haken

Stange

Mindestens 90 cm breiter als der Eingang, soll auf jeder Seite mindestens 45 cm überstehen

Vorhanggewichte

1 für jede Ecke plus 1 für jede Stoffbahn

Arbeitsschritte: Vorhänge

1 Für breite, ungefütterte Vorhänge mit Falten Stoff auf die gewünschte Breite zusammensetzen und mit einer französischen Naht versäubern (s. S. 47). Dazu Stoff rechts auf rechts legen, einen 2 cm breiten Saum abstecken und steppen.

2 Stoff auf die rechte Seite wenden und bügeln. Äußere Nahtlinie so abstecken, daß die Schnittkanten von der Nahtlinie verdeckt werden. Dann absteppen.

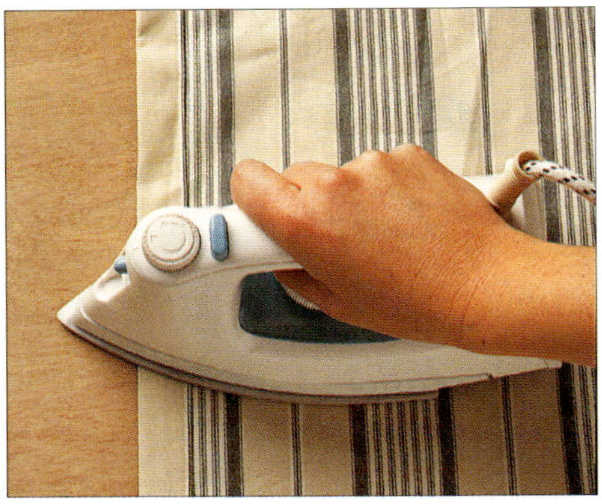

3 Auf der linken Stoffseite einen 2 cm breiten Doppelsaum an den Seiten einschlagen und anbügeln.

4 Stoff wenden. Einen 5 cm breiten Doppelsaum an der Unterkante einschlagen und anbügeln (s. S. 46).

5 Von Hand Vorhanggewichte verdeckt in jede Ecke zwischen Unterkante und Längsseite nähen (s. S. 46).

6 Die seitlichen Säume einschlagen, mit Stecknadeln abstecken und steppen.

7 Den unteren Saum steppen. Dabei mit der Nadel nicht auf die eingenähten Gewichte kommen.

Arbeitsschritte: Kellerfalten

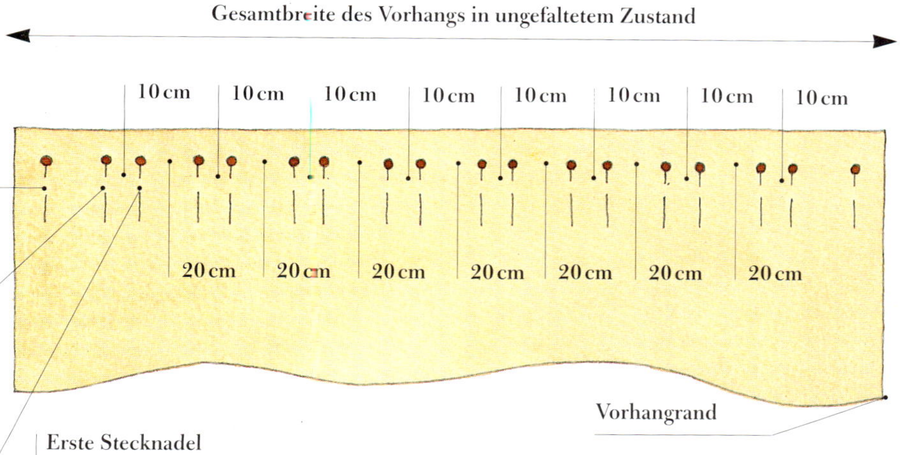

1 Kellerfalten abstecken. Dazu die Frontbreite einer Falte vom Rand her abmessen (s. S. 51) und die Stelle mit einer Stecknadel markieren. (Die Frontbreite im Beispiel beträgt 10 cm.)

2 Von der Markierung den Stoffbedarf für den nach hinten gelegten Faltenteil (zweimal die Frontbreite) abstecken. (Frontbreite hier beträgt 20 cm.)

3 Frontbreite der nächsten Falte abstecken; dann den für den hinteren Faltenteil benötigten Abstand markieren. In gleicher Weise die ganze obere Vorhangbreite abstecken. Den Abschluß sollte eine Frontbreite bilden.

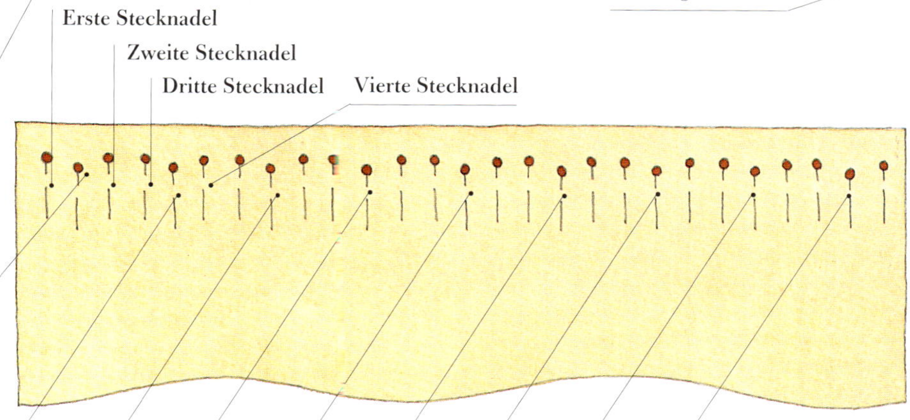

4 Als Anhaltspunkte für das Legen der Falten, die Mitte zwischen der ersten und zweiten Falte abmessen und mit einer Stecknadel markieren.

5 Die Mitte zwischen der dritten und vierten Stecknadel abmessen und abstecken. In gleicher Weise die Breite für die hinteren Faltenteile auf der gesamten oberen Stoffbreite abstecken.

6 Auf einer Seite anfangen und den Stoff so einschlagen, daß die erste Stecknadel auf die zweite trifft. (Die zweite Nadel ist die, die nachträglich zwischen den ersten beiden Nadeln gesetzt wurde; s. Schritt 4.) Die in der Zählung nun dritte Nadel auf die zweite legen. Falten anbügeln. Die gesamte obere Stoffbreite in gleicher Weise an den Stecknadeln in Falten legen und Falten anbügeln. Die in der Zählung nun vierte Nadel auf die fünfte legen, die sechste auf die fünfte usw.

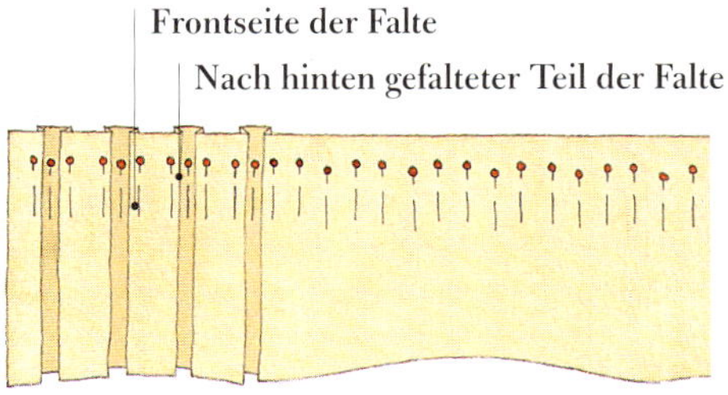

Arbeitsschritte: Bordüre

1 *Bordüre und Vorhangstoff rechts auf rechts legen. Dabei Bordüre 2,5 cm unterhalb der Oberkante des Vorhangs ansetzen. 5 cm von der Stoffoberkante und 2,5 cm von der oberen Bordürenkante abstecken und steppen. Durch das Annähen der Borte werden auch die Falten gesichert.*

Stecknadelmarkierung an der Oberkante

2 *Bordüre nach oben schlagen. Die nun von der Bordüre bedeckte Oberkante des Vorhangs mit Stecknadeln auf der Vorderseite abstecken.*

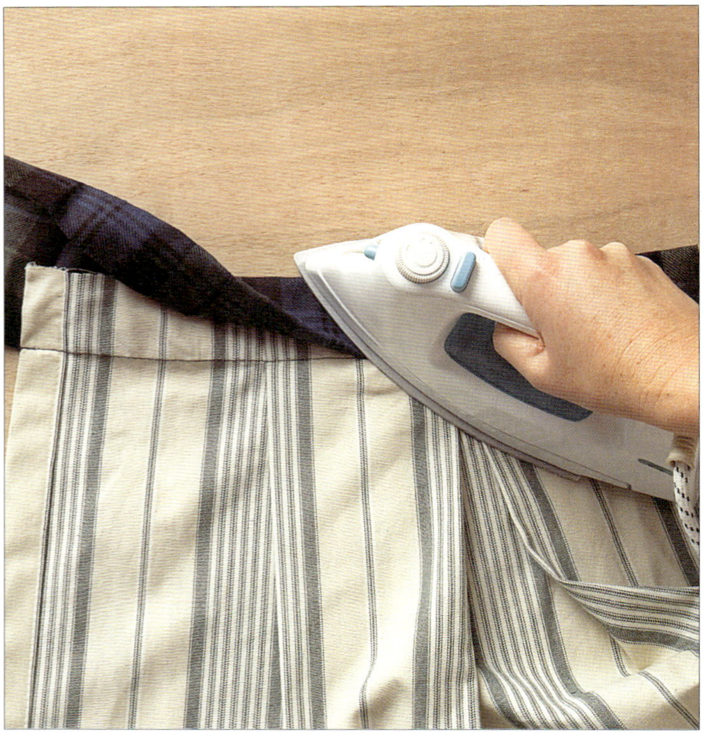

3 *Vorhang wenden und Bordüre auf linker Stoffseite an der mit Stecknadeln markierten Linie abstecken. Saum der Bordüre an der Schnittkante 2,5 cm nach innen falten und anbügeln.*

4 *Bordüre mit Stecknadeln befestigen. Überstehende Seitenenden nach innen falten. Mit Blindstich an der Vorhangrückseite annähen (s. S. 44).*

Arbeitsschritte: Haken annähen

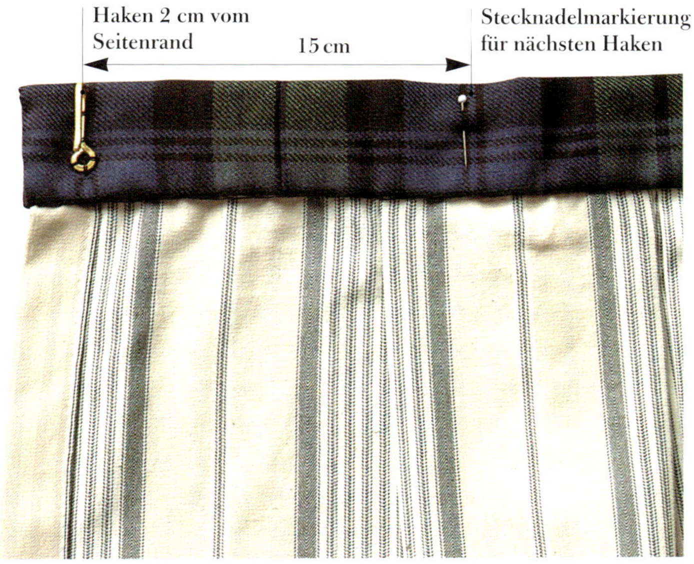

1 *An jedem Ende einen Vorhanghaken 2 cm seitlich nach innen versetzt annähen. Für die übrigen Haken die Breite dazwischen in regelmäßige Abstände von mindestens 15 cm aufteilen und mit Stecknadeln markieren.*

2 *Die Hakenenden mit Knopflochstich (s. S. 45) am Vorhang befestigen. Dabei stets durch alle Lagen des Vorhangs und der Borte stechen. Stange montieren und Vorhang an den Ringen der Stange aufhängen (s. S. 54).*

VARIATIONEN FÜR VORHÄNGE MIT KELLERFALTEN

Diese bodenlangen Vorhänge mit Kellerfalten wirken aufgrund der Abstände zwischen den einzelnen Falten völlig anders. Oben wurden statt einer Bordüre und Haken Clips befestigt, die als Aufhängung dienen und die Falten in Form halten.

LOCKERER TARTANVORHANG

WENN EIN SCHÖNES FENSTER oder eine Flügeltür zum Blickfang werden soll, kann man das Fenster bzw. die Tür mit einem langen, ungefütterten Stoff drapieren, der das Sonnenlicht ins Innere fallen läßt und den Blick nach außen „einrahmt". Der Stoff wird an einer Quastenkordel in der Mitte gehalten und mit seitlichen Ringen an den Rosettenhaltern aufgehängt.

Fenstertyp

- Lockere Draperien wirken an hohen Fenstern besser als an breiten. Die Abmessungen des Fensters und des Vorhangs müssen harmonisch aufeinander abgestimmt sein.
- Kleine Fenster sollten nicht „überladen" werden und die Vorhangenden nicht bis zum Boden nach unten fallen.
- Bei Draperien aus einem Stück Stoff ist, auch hinsichtlich der Raumdekoration, zu bedenken, daß sie nicht zugezogen werden können. Der Blick nach draußen und ins Innere ist immer frei.

Stoffwahl

- Für Draperien eignen sich Stoffe, die auf beiden Seiten verwendbar oder beidseitig gleich sind, wie der kräftig gemusterte Tartanstoff im Bild.
- Stoffe, die schön und weich fallen, sind vorzuziehen. Das Arrangement soll weich wirken und der Stoff eine eigene Wirkung haben.

Variationen

- Die Draperie wirkt sofort anders, wenn sie in der Mitte mit einer Flechtschnur oder einem farblich abgesetzten Band nach oben gebunden wird.

MATERIALIEN

Stoffbedarf

Breite
Etwa 70 cm plus 8 cm für Saumzugaben

Länge
Zweimal Gesamtlänge (s. S. 38-39) plus Abstand zwischen Rosetten (meist Breite des Fensterrahmens) plus 50 cm Stoff zum Aufbauschen plus 8 cm für Saumzugaben

Zubehör

Messingringe
3 Messingringe bis 1,25 cm Durchmesser

Messinghaken
1 Ring für die Mitte

Rosettenhalter
2

Arbeitsschritte

Ringsum 2 cm Stoff für einen Doppelsaum einschlagen, anbügeln und umnähen. Position der Ringe am Stoff kennzeichnen, dann die Messingringe annähen. Stoff wie im Bild rechts über die Rosetten legen und drapieren.

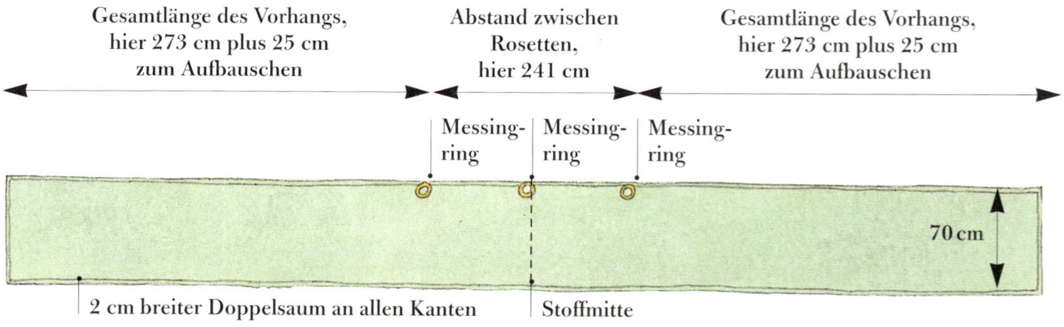

VARIATIONEN FÜR TARTANVORHANG

Rosetten aus Holz
Die Rosettenhalter sollen in Stil und Material zu dem Interieur und Vorhang passen. Hier ist eine Rosette aus Holz die ideale Ergänzung zu der Tartandraperie.

Flechtband als Kontrast
Das Flechtband wird zum besseren Halt und zur Formgebung in der Mitte um die Draperie gelegt. Das seidig glänzende Band bildet einen schönen Kontrast zum wollenen Tartan.

Schienenvorhänge

Es ist oft schwer, aufgrund der Ecken und Rundungen bei Erkerfenstern einen geeigneten Vorhang zu finden. Vorhangstangen können zwar verwendet werden, wenn sie in drei Teilen eingepaßt, doch sind dann oft die Stangenhalter beim Zurückziehen der Vorhänge im Weg. Im Bild rechts ist eine gebogene Metallschiene als Halterung in den Erker eingepaßt worden. Mit einer unauffälligen Schnur und Zugvorrichtung werden die Vorhänge am Fenster bewegt. Da die Schiene eher praktische als dekorative Funktion hat, wird sie von einer mit Vorhangstoff bezogenen Leiste und Blende verdeckt. Die Rückseite der Vorhänge ist durch Futterstoff abgesetzt und mit einem 2,5 cm breiten Faltenband gekräuselt. Ein Zwischenfutter verleiht zusätzliche Wärme und Fülle.

Fenstertyp

- Die abgebildeten Vorhänge eignen sich für hohe Fenster, bei denen großflächig eingesetzte Stoffe mit großem Musterrapport oder unterschiedlichen Motiven, zum Beispiel Toile de Jouy, zur Geltung kommen.
- Vorhänge, die an einer Schiene aufgehängt werden, bieten sich an, wenn über dem Fenster kaum Platz für eine Stange ist. Metallschienen werden am besten vom Fachmann eingepaßt, der auch über Spezialwerkzeug verfügt.
- Bodenlange Vorhänge wirken besser, wenn sie auf dem Boden aufbauschen. Aufgebauscht erscheinen sie opulenter und können Unebenheiten im Fußboden oder schiefe Fenster geschickt verbergen.

Stoffwahl

- Für Schienenvorhänge eignen sich fast alle Stoffarten. Vorhänge, die an Schienen mit Zugvorrichtungen aufgehängt werden, lassen sich bewegen, ohne sie anfassen zu müssen. Dies erweist sich vor allem zum Schutz weißer, empfindlicher oder wertvoller Vorhangstoffe von Vorteil.
- Bei der Stoffwahl ist zu berücksichtigen, daß große Vorhänge einen Raum dominieren. Ein üppiges Muster könnte überwältigend wirken.
- Ein Zwischenfutter läßt diesen Vorhangtyp üppiger erscheinen und wirkt zusätzlich wärmedämmend.

Variationen

- Um den Vorhängen besonderen Akzent zu verleihen und ihre Form um das Fenster herum zu betonen, können sie seitlich mit Raffhaltern befestigt werden.
- Leiste und Blende können zur Betonung mit anderem Stoff bezogen werden. Sie können auch der Wand, an der sie befestigt sind, farblich angepaßt werden.

MATERIALIEN

Stoffbedarf für Vorhang und zum Beziehen von Leiste und Blende

Breite
Gesamtbreite (s. S. 38–39) plus Zugabe für Faltenband (s. S. 40) plus 10 cm für seitliche Säume

Länge
Gesamtlänge (s. S. 38–39) plus 25 cm für obere und untere Säume

Stoff für Leiste und Blende
ausreichend, um beide vollständig zu bedecken

Futterstoff

Gesamtbreite
wie Vorhangstoff

Länge
wie Vorhangstoff

Einlagestoff

Gesamtbreite
wie Vorhangstoff

Länge
wie Vorhangstoff minus 10 cm

Zubehör

Faltenband zum Kräuseln
2,5 cm in Stoffbreite plus 5 cm für Zugabe an den Enden

Vorhanghaken aus Messing
1 auf 10 cm gekräuseltem Band plus 1 am Ende

Schiene
Metallschiene, die hinter die Blende geschraubt wird. Spezialwerkzeug, wenn die Schiene eingepaßt werden muß (Montage durch Fachmann empfehlenswert)

Leiste
5 x 2,5 cm starke Leiste, passend für das Erkerfenster zugeschnitten

Blende
5 cm breite Blende, wie Leiste zugeschnitten

Arbeitsschritte: Zwischenfutter

Wenn eine große Stoffbahn mit Futter bzw. Zwischenfutter besetzt werden soll, ist es ratsam, den Stoff über dem Arbeitstisch auszubreiten und den Stoff bahnenweise zu verarbeiten (s. S. 38, 42–43). Als erstes wird der ganze untere Saum umgebügelt, doch zunächst nur eine Bahnenbreite angenäht. Das Zwischenfutter (s. S. 42) wird an den Vorhangstoff genäht, bevor die nächste Bahnenbreite verarbeitet wird.

1 *Den Anweisungen auf S. 46 folgen, um den Futterstoff auf der linken Vorhangseite mit einem Doppelsaum und abgeschrägten Ecken aufzunähen. Gewichte verdeckt in die Ecken des unteren Saums einarbeiten (s. Abb. und S. 46).*

2 *Beim Bearbeiten der Stoffbreite, Zwischenfutter bahnenweise mit dem Vorhang vernähen (s. S. 44).*

Arbeitsschritte: Futter

1 *Einen Doppelsaum von 5 cm an der unteren Kante (s. S. 46) in den Futterstoff einschlagen, anbügeln und steppen.*

2 *Futter und Vorhangstoff links auf links legen, die Seitenränder wie abgebildet einschlagen und anbügeln. Futter mit Stecknadeln etwa 2,5 cm von den Umbruchkanten des Vorhangstoffs befestigen.*

3 *Futterstoff am linken seitlichen Rand mit Blindstich an den Vorhangstoff nähen (s. S. 44)*

4 *Futter in Bahnenbreite und halber Bahnenbreite an den Vorhangstoff staffieren (s. S. 43).*

5 *Futter in Bahnenbreite und halber Bahnenbreite am unteren Saum locker mit Kettelstich (s. S. 45) sichern. Futter dann am rechten seitlichen Rand an den Vorhangstoff nähen (s. Schritt 3, S. 78).*

Faltenband

1 *Endgültige Höhe der Oberkante auf der linken Stoffseite markieren. Schnittkante etwa 5 cm umschlagen und anbügeln.*

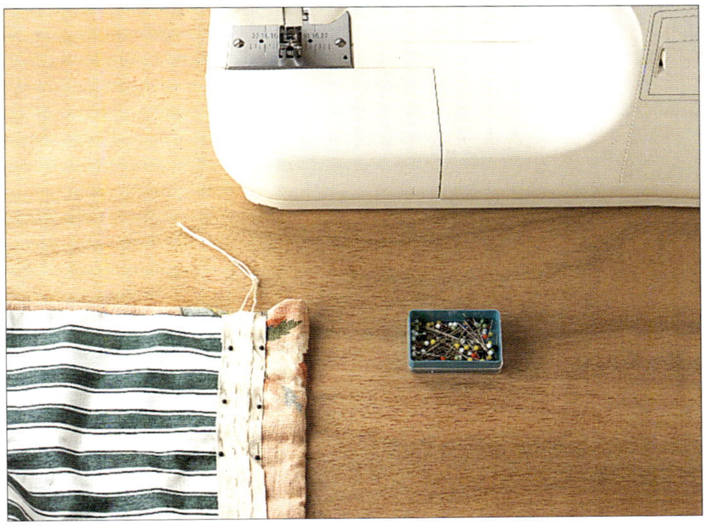

2 *Faltenband so an die Oberkante legen, daß die umgeschlagene Schnittkante bedeckt ist, und ansteppen.*

3 *Den Anleitungen auf S. 45 folgen und das Faltenband an einem Ende sichern. Oberkante an den Zugkordeln auf die gewünschte Breite ziehen. Darauf achten, daß die Kräuselung gleichmäßig verteilt ist.*

4 *Kordeln wie eine Schleife aufrollen und Enden verknoten. Wie im Bild innen an das Faltenband nähen. Die Leiste und Blende mit Stoff beziehen (s. S. 56), Schiene montieren und Vorhänge aufhängen.*

Drapierte Vorhänge

Kräftig leuchtende Farben kombiniert in einem klassischen Arrangement lassen diese Chenillevorhänge und den Querbesatz mit Saumdurchzug in jedem Interieur zum Blickfang werden. Die Oberkante der Vorhänge hat Bleistiftfalten und ist an einer Schiene mit Zugvorrichtung aufgehängt. Die Schiene ist an der Decke unter dem Querbehang montiert. Der Vorhang fällt in weichen Falten, die seitlich von kleinen, am Türrahmen befestigten Metallhaltern gesammelt werden.

Die Drapierung ist aus demselben Stoff, aber farblich abgesetzt hängt sie locker auf einer Vorhangstange. Solche Fensterdekoration eignet sich besonders, wenn die Fenster nicht geöffnet werden müssen.

Fenstertyp

- Bodenlange Vorhänge mit Querbehang oder Draperie verlangen nach eleganten Fenstern. Hier verschaffen die zur Seite geschwungenen Vorhänge mit dem bogenförmigen Querbehang der Form der Flügeltür Geltung.
- Dieses Arrangement wirkt auch an einem einfachen Fenster bzw. einer einfachen Tür oder einem Doppelfenster.

Stoffwahl

- Schlicht, aber eindrücklich sind Vorhänge und Querbesatz aus einfarbigen Stoffen, die einen lebhaften Farbkontrast bilden.
- Samt, Chenillegewebe oder schwerer Wollstoff eignen sich hervorragend für diesen Vorhangtyp. Aufgrund ihres Gewichts und ihrer Textur fallen solche Stoffe gut und behalten ihre Form.
- Noch dramatischer wirken diese Vorhänge mit breiten, schwarzweißen Streifen und einem Querbesatz mit dünnen Streifen sowie weinroten und türkisfarbenen Bändern.

Variationen

- Bänder mit diagonalen Streifen oder aus Gobelinstoff verleihen dem Arrangement einen besonderen Akzent.
- Dezenter wirkt das Arrangement, wenn für die Vorhänge und den Querbesatz der gleiche Stoff verwendet wird und nur die Bänder oben farblich abgesetzt sind.
- Der Querbesatz erhält eine neue Form, wenn statt der seitlichen Bänder ein Band in der Mitte befestigt wird.

MATERIALIEN – VORHÄNGE

Stoffbedarf für Vorhang pro Seite

Breite
Gesamtbreite (s. S. 38–39) plus Zugabe für die Enden des Faltenbands (s. S. 40) plus 10 cm für seitliche Säume

Länge
Gesamtlänge (s. S. 38–39) plus 25 cm für oberen und unteren Saum

Stoffbedarf für Futter pro Seite

Breite
wie bei Vorhangstoff

Länge
wie bei Vorhangstoff minus 10 cm

Zubehör

7,5 cm breites Faltenband
Stoffbreite plus 5 cm zum Einschlagen

Vorhanghaken aus Messing
1 pro 10 cm gekräuseltes Band plus 1 am Ende

Vorhanggewichte
1 in jeder Ecke plus 1 pro Bahn

Paspel
Gesamtbreite des Vorhangs

MATERIALIEN – DRAPIERUNG

Stoffbedarf für Querbehang

Breite
Gesamtbreite des Querbehangs plus 8 cm für Säume

Länge
Gesamtlänge (etwa $^{1}/_{6}$ der Gesamtlänge der Vorhänge) plus 31 cm für Säume plus Zugabe für Durchzug, je nach Stangendurchmesser (s. S. 40)

Stoffbedarf pro Band und Paspel

Breite
2 x Gesamtbreite (hier: 6 cm) eines Bands plus 2 cm für Säume

Länge
Länge des Bandes (hier: 25 cm) plus 4 cm für Säume

Paspel
Schrägstreifen à 5 cm, die zur Gesamtbreite des Querbehangs zusammengesetzt werden plus 4 cm Zugabe für Enden

Zubehör

Paspelschnur
Länge des Querbehangs

Stange
Metallstange in Fensterbreite plus mindestens 20 cm plus Endstücke plus 2 extra Endstücke mit Haltern statt Raffhaltern

Arbeitsschritte: Vorhang

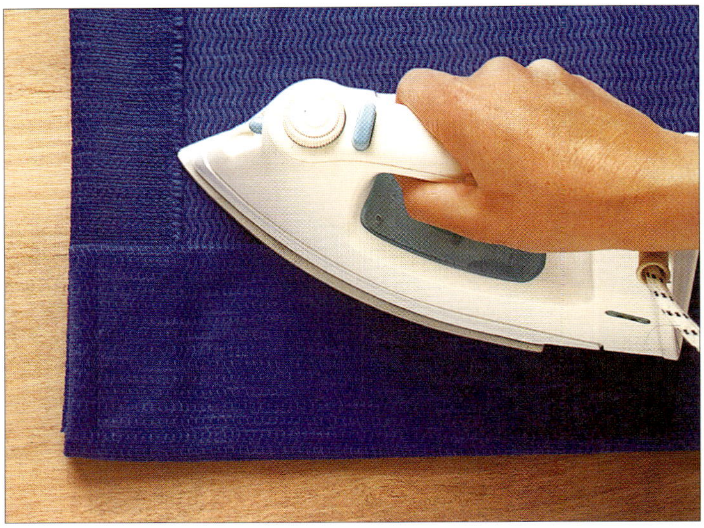

1 Auf der linken Stoffseite 5 cm breite Säume seitlich und einen 10 cm breiten Doppelsaum unten (s. S. 46) einschlagen und anbügeln.

2 Seitliche Säume wieder auffalten und Doppelsaum unten einmal auffalten. Die Schnittkante des unteren Saums mit Hexenstich (s. S. 44) sichern.

3 Ecke des unteren Saums wie abgebildet diagonal einschlagen. Dabei soll sich die Bügellinie des Seitensaums mit der genähten unteren Saumkante schneiden. Ein Gewicht an der Stelle aufnähen, wo die untere Ecke des fertigen Vorhangs sein wird.

4 Unteren Saum erneut einschlagen und Vorhanggewicht damit bedecken. Mit Stecknadeln sichern.

Bedecktes Gewicht

Doppelsaum unten mit Stecknadeln gesichert

5 Seitenränder mit abgeschrägten Ecken erneut einschlagen und anbügeln. Schritte 3 bis 5 auf der anderen Seite wiederholen. Seitenränder mit Hexenstich nähen. Für die abgeschrägten Ecken und die obere Kante des unteren Saums Blindstich (s. S. 44) verwenden.

Saum seitlich einschlagen

Abgeschrägte Ecke mit Stecknadeln gesichert

Arbeitsschritte: Futterstoff

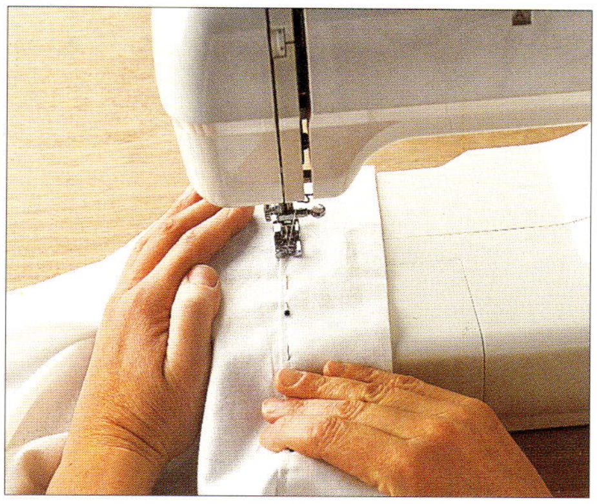

1 Futterstoff an der unteren Kante 5 cm für einen Doppelsaum einschlagen und steppen (s. S. 46).

2 Linke Seite des Futterstoffs so auf die linke Seite des Vorhangstoffs legen, daß die unteren und seitlichen Saumnähte des Vorhangstoffs bedeckt sind. Das Futter seitlich 2,5 cm unterfalten und mit Blindstich auf den Vorhang nähen.

3 Futterstoff am unteren Saum zurückschlagen und obere Saumkante des Futters mit Kettelstich locker an die obere Saumkante des Vorhangs nähen (s. S. 45). Futterstoff auf Bahnenbreite und halber Bahnenbreite anstaffieren.

Arbeitsschritte: Vorhang fertigstellen

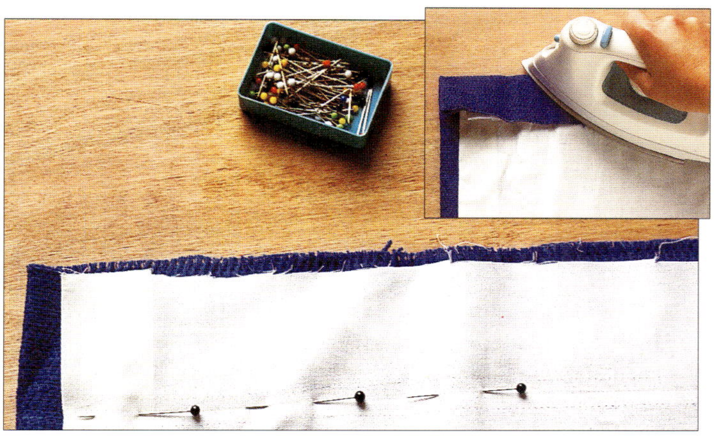

1 Gesamtlänge des Vorhangs vom unteren Saum nach oben messen und an der Oberkante auf der linken Seite mit Stecknadeln markieren. Obere Schnittkante 5 cm einschlagen und anbügeln, Stecknadeln entfernen.

2 Faltenband an die Oberkante des Vorhangs stecken und an der oberen und unteren Kante steppen. An einem Ende des Bands die Schnüre mit einem Knoten sichern, das Band unterfalten und steppen.

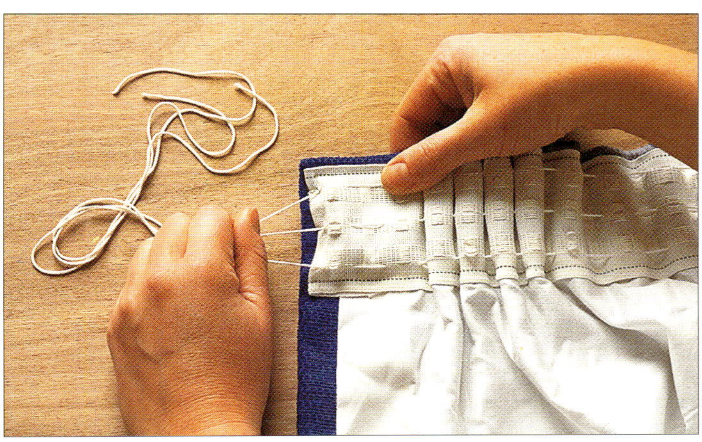

3 Am anderen Ende den Vorhang an den Schnüren auf die gewünschte Breite ziehen. Darauf achten, daß die Falten gleichmäßig verteilt sind. Schnurenden verknoten.

4 Schnüre zu einer Schleife aufrollen und fest am Band annähen. Den zweiten Vorhang genauso anfertigen. Vorhänge mit Haken versehen, auf die Schiene ziehen.

Arbeitsschritte: Bänder für Drapierung

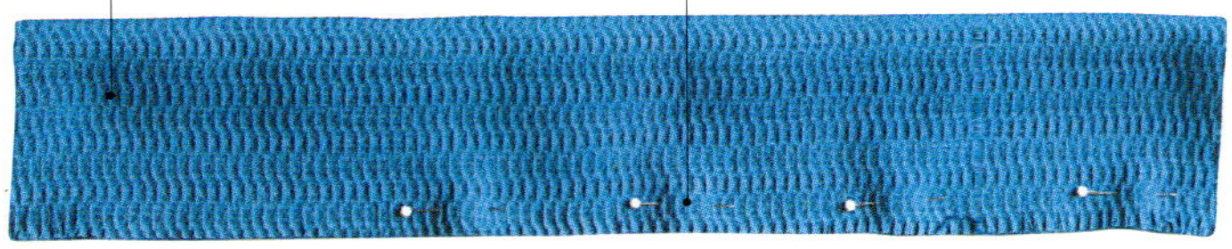

1 *Für die beiden Bänder den Stoff mit der rechten Seite nach innen der Länge nach zur Hälfte falten. Nahtlinie mit Stecknadeln markieren und steppen.*

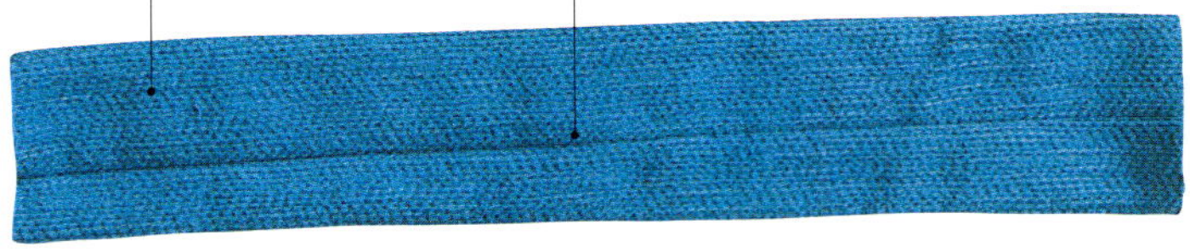

2 *Den Stoff wenden und so bügeln, daß die Naht mit auseinandergebügelten Nahtzugaben in der Mitte der Bandunterseite liegt.*

Arbeitsschritte: Drapierung

1 *Einen 2 cm breiten Doppelsaum seitlich und unten am Querbehang abstecken und steppen.*

2 *Die Höhe des benötigten Saumdurchzugs von oben her messen (s. S. 40) und vom Stoff abschneiden. Vorerst zur Seite legen.*

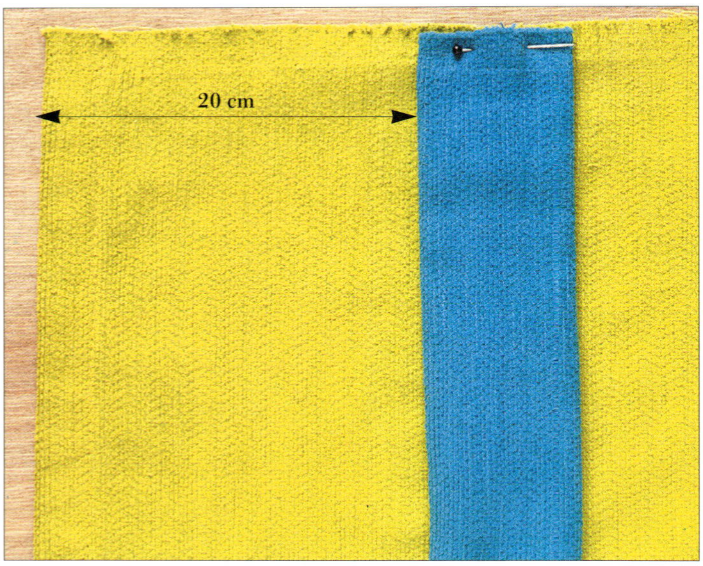

3 *Übrigen Stoff mit der rechten Seite nach oben legen. Bänder 20 cm nach innen versetzt und mit den Schnittkanten an die obere Schnittkante des Querbehangs legen. Mit Stecknadeln sichern.*

4 *Die fertige Paspel (s. S. 47) oben an den Querbehang und über die angesteckten Bänder legen. Beim Annähen der Paspel an den Querbehang werden die Bänder gleichzeitig mitangenäht.*

Arbeitsschritte: Saumdurchzug

1 Stoff für Saumdurchzug (vgl. Schritt 2, S. 84) rechts auf rechts auf die obere Kante des Querbehangs legen. Entlang der Paspel und über die Bänder an den Querbehang steppen.

2 Saumdurchzug auffalten. Oberkante des fertigen Querbehangs an der Faltlinie mit Stecknadeln markieren.

3 Den Durchzug auf der linken Stoffseite entlang der markierten Faltlinie anbügeln und die Nahtzugaben 2 cm unter den Stoff falten.

4 Die Unterkante des Saumdurchzugs mit Stecknadeln markieren. Mit Blindstich annähen.

5 Die Bänder um den Stoff nach hinten legen; dabei wird der Stoff nach oben gerafft. Die Nahtzugaben am Bandende umschlagen und das Band mit Blindstich unterhalb des Saumdurchzugs an die Rückseite des Querbehangs nähen.

6 Stange für Drapierung dicht an der Vorhangschiene montieren, da die Dekoration sonst nicht wirkt. Querbehang auf die Stange schieben und über die Vorhänge drapieren. Vor dem Befestigen der seitlichen Halter (s. unten) die Vorhänge von Hand zur Seite halten, um die beste Position für die Halter herauszufinden.

Gestreifte Vorhänge

Diese gestreiften Vorhänge fallen sofort ins Auge. Dunkelblaue und dunkelgrüne Streifen wurden abwechselnd mit cremefarbenen Streifen zusammengenäht. Die Oberkante hat einen weiten Saumdurchzug aus dem gleichen Material; helle Streifen stoßen jedoch an dunkle und umgekehrt. Eine Paspel aus leuchtendem Smaragdgrün säumt alle Ränder und hebt die Oberkante vom übrigen Vorhang ab. Die Paspel reflektiert das Licht und bildet einen schönen Kontrast zur matten Stoffoberfläche.

Vorhänge, wie die im Bild, müssen oben glatt von der Stange hängen können. Sie brauchen nicht zur Seite geschoben werden, da sie mit dicken, cremefarbenen Quastenkordeln als Raffhalter in Position gehalten werden.

Fenstertyp

- Diese Art von Vorhängen sieht an hohen oder breiten Fenstern sehr dekorativ aus, wird aber nicht zur Mitte hin zugezogen.
- Die Wirkung von Einzelvorhängen soll beabsichtigt, nicht zufällig sein. Zwischenraum zwischen zwei Fenstern kann bewußt genutzt werden. Durch Raffhalter kann der Bogenform eines Vorhangs eine besondere Note verliehen werden.

Stoffwahl

- Hier wird ein kräftiger, steifer Baumwollstoff verwendet, der auf der einen Seite appretiert ist. Schlichte Kombinationen ähnlicher Farbtöne oder von Kontrastfarben wirken hier am besten.
- Stoffstreifen müssen aus der gleichen Stoffart sein, da sie sich sonst leicht verziehen, wenn sie zusammengenäht werden. Die Säume müssen auf der Innenseite glatt verarbeitet sein, sonst bauschen sie auf oder fransen aus.

Variationen

- Ein betont minimalistisches Aussehen wird durch die Verwendung von farblich ähnlichen Stoffen erreicht, wie zum Beispiel Creme und Beige.
- Die Vorhänge wirken mit schmaleren Streifen weniger auffällig. Schmalere Streifen bedeuten allerdings auch mehr Arbeit. Die Kontraststreifen brauchen nicht hell zu sein, sondern können auch eine andere Farbe haben.

MATERIALIEN

Stoffbedarf pro Vorhang mit Saumdurchzug

Die Anzahl der Streifen pro Vorhang ergibt sich aus der Gesamtbreite des Vorhangs geteilt durch die Gesamtbreite eines Streifens (hier: 100 cm geteilt durch 10 cm gleich 10 Streifen)

Vorhangbreite

Pro Streifen: Gesamtbreite des Vorhangs (s. S. 38–39) geteilt durch die Anzahl der Streifen plus 4 cm seitliche Nahtzugaben

Länge des Vorhangs

Pro Streifen: Gesamtlänge des Vorhangs (s. S. 38–39) minus Gesamtlänge des Saumdurchzugs plus 22 cm für untere und obere Saumzugabe

Breite Saumdurchzug

Pro Streifen: Gesamtbreite des Vorhangs geteilt durch die Anzahl der Streifen plus 4 cm für seitliche Nahtzugaben

Länge Saumdurchzug

Pro Streifen: zweimal die Gesamtlänge des Saumdurchzugs (s. S. 40) plus 4 cm für Nahtzugaben (hier: Saumdurchzug ist 25 cm lang).

Stoffbedarf für Futter und Paspel

Breite Futterstoff

Gesamtbreite des Vorhangs plus 2,5 cm für seitliche Nahtzugaben

Länge Futterstoff

Gesamtlänge des Vorhangs plus zweimal Gesamtlänge für Saumdurchzug plus 12 cm für untere und obere Saumzugabe

Paspel

Aus 5 cm langen Schrägstreifen zusammengesetzt (s. S. 47): 1 Streifen in Gesamtbreite plus zweimal die Gesamtlänge des Vorhangs; je 2 Streifen in Gesamtlänge des Durchzugs plus 2 cm

Zubehör

Paspelschnur

zum Einziehen in die Paspel

Stange

Mindestens fensterbreit, kann breiter sein (s. S. 52)

Raffhalter

1 für jeden Vorhang

Arbeitsschritte: Vorhang

1 *Streifen für den ersten Vorhang in der gewünschten Ordnung nebeneinander legen. Streifen rechts auf rechts legen und nacheinaner jeweils 2 cm vom Rand längs steppen, bis die Vorhangbreite zusammengesetzt ist.*

2 *Nahtzugaben immer zu den dunkleren Streifen falten, damit sie nicht durch das hellere Material scheinen, und umbügeln.*

3 *Einen 10 cm breiten Doppelsaum an der unteren Vorhangkante (s. S. 46) einschlagen und anbügeln.*

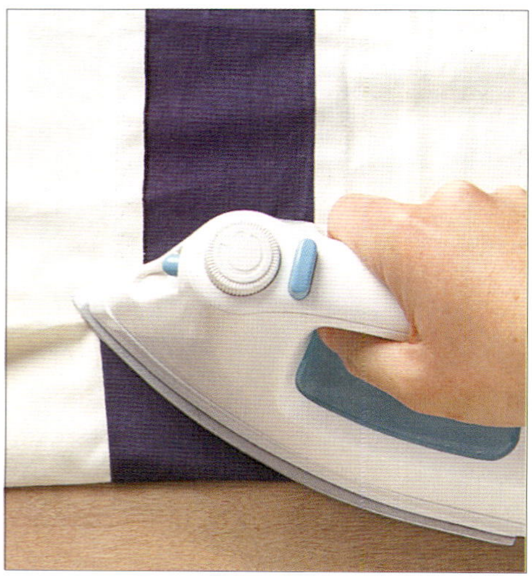

4 *Saum mit Stecknadeln sichern und im Hexenstich (s. S. 44) annähen. Für den Saumdurchzug Schritte 1 und 2 wiederholen. Streifen so zusammensetzen, daß helle an dunkle und dunkle an helle stoßen.*

Arbeitsschritte: Paspel und Saumdurchzug

1 *Fertige Paspel (s. S. 47) auf die rechte Vorhangseite an die Seitenränder und die Oberkante stecken und steppen. Beim Durchzug Paspel nur an die Seitenränder nähen.*

2 *Saumdurchzug und Vorhangoberseite mit Paspel rechts auf rechts legen und neben der Paspelnaht 2 cm vom Rand steppen.*

Vorhang fertigstellen

1 *Einen 5 cm breiten Doppelsaum an der unteren Futterkante nähen und anbügeln. Futterstoff auf Vorhangrückseite legen. Ränder entlang der Paspel unterfalten. Mit Blindstich am unteren Saum annähen.*

2 *Vorhangoberkante für den Saumdurchzug umfalten und Saumzugaben unter den Stoff falten.*

3 *Unteren Saumbruch der Oberkante mit Blindstich annähen. Für zweiten Vorhang alle Schritte wiederholen. Stangen montieren und Vorhänge aufhängen (s. S. 52).*

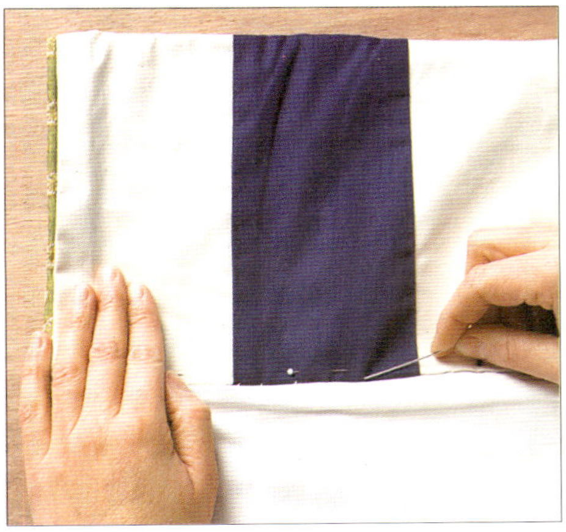

VARIATION MIT STREIFEN

Dieser Vorhang zeigt den kreativen Einsatz von Stoffen. Hier sind lange Streifen aus Quadraten und Rechtecken aus Seide zusammengesetzt und mit grünem Samtstoff kombiniert. Der Vorhang ähnelt einer Patchworkarbeit, die viel legerer als die relativ strengen Längsstreifen wirkt.

Vorhang mit Schabracke

Es ist oft gar nicht so einfach, den passenden Vorhang für ein Fenster über einem Treppenabsatz zu finden. Das Bild rechts zeigt eine ideale Lösung: Der Einzelvorhang mit passender Schabracke in der einen Ecke wird durch Möbel und eine Wandleuchte auf der anderen Seite optisch ausgeglichen.

Durch die Schabracke mit Fransenborte wirkt der Vorhang elegant, aber nicht steif. Die Oberkante ist mit großen Kelchfalten verziert. Der Stoff an der Oberkante wurde umgefaltet und sieht fast wie eine separate Schabracke aus. Die von Hand angenähte Borte verleiht zusätzlich Stand und hebt die Schabracke vom Vorhang ab.

Fenstertyp

- Diese Art von Vorhang wirkt am besten an hochformatigen Fenstern.
- Wenn möglich, die Vorhangstange über dem Fenster etwas nach oben versetzt montieren. Dadurch wird der Vorhang optisch verlängert. Außerdem wird der Platz über dem Fenster genutzt.

Stoffwahl

- Damast, Brokat und Gobelin machen sich an diesem Vorhang sehr schön, der auch gut in ein antikes Interieur paßt. Dieser Vorhangtyp kann jedoch aus fast jeder Art von Stoff hergestellt werden.
- Fransen und Raffhalter sollten farblich dem Stoff angeglichen sein, aber keinen Farbkontrast bilden. Fransen können nötigenfalls passend eingefärbt werden.
- Bei Verwendung eines leichteren Stoffs kann ein Zwischenfutter (s. S. 46) eingearbeitet werden. Dies erübrigt sich bei schweren Stoffen in der Regel.

Variationen

- Anstelle der Schabracke kann ein Stoffvolant zur Betonung der Oberkante und für zusätzlichen Akzent verwendet werden. Vorhang und Volant werden mit Ösen auf einer Stange aufgereiht.
- Ein legeres Arrangement schafft über eine Stange drapierter Stoff, der wie ein bodenlanger Vorhang aussieht, und ein kurzer drapierter Querbesatz.
- Auch eine schlichtere Lösung ohne Schabracke und Fransen ist hier möglich.
- Ein Doppeleffekt wird durch zwei identische Vorhänge an zwei gleichen, nebeneinanderliegenden Fenstern erzielt. Durch spiegelgleiche Anbringung wirkt das Arrangement symmetrisch. Bei einer Reihe drei gleicher Fenster können die Vorhänge asymmetrisch gebunden werden.

MATERIALIEN

Stoffbedarf für Vorhang

Breite
Gesamtbreite des Vorhangs (s. S. 38–39) plus 18 cm pro Falte plus 10 cm für Seitenränder

Länge
Gesamtlänge des Vorhangs (s. S. 38–39) plus 22 cm für den oberen und unteren Saum plus zweimal die Breite der Schabracke (hier: 25 cm).

Stoffbedarf für Futter und Fransenborte

Breite Futterstoff
wie für Vorhangstoff

Länge Futterstoff
wie für Vorhangstoff minus 10 cm

Fransenborte
wie Schnittbreite von Vorhangstoff plus 4 cm Nahtzugabe an den Enden

Zubehör

Haken zum Anstecken
so viele wie Falten plus 2

Vorhanggewichte
2 pro Stoffbahn (s. S. 43)

Vorhangstange
fensterbreit mit abnehmbaren Endstücken, damit eine Seite direkt gegen eine Wand montiert werden kann

Arbeitsschritte: Vorhang

1 *Stoff mit der rechten Seite nach unten legen und Saumzugabe von 5 cm auf jeder Seite umbügeln. Unteren Saum 20 cm einschlagen und anbügeln.*

2 *Säume wieder auffalten. Die Ecken am unteren Saum diagonal so einschlagen, daß die Diagonale durch den Schnittpunkt der seitlichen unteren Bügelfalte verläuft, und anbügeln. In jeder Ecke des unteren Saums ein Gewicht einnähen (s. S. 46).*

3 *Für Doppelsaum unteren Saum zweimal 10 cm einschlagen. Seitliche Säume an den Ecken schräg einschlagen und anbügeln. Ecken mit Blindstich (s. S. 44) sichern. Für Ecken des unteren Saums genauso verfahren.*

4 *Seitliche und untere Saumkanten mit Hexenstich (s. S. 44) sichern.*

5 *Nach dem Sichern der Säume den unteren Saum mit Blindstich annähen.*

Arbeitsschritte: Futter annähen

1 *Untere Saumnaht steppen. Vom Futterstoff 5 cm auf jeder Seite einschlagen und anbügeln. Vorhangstoff und Futter links auf links legen. Futterstoff mit 2 cm Abstand zu den Seitenkanten des Vorhangs auflegen, feststecken und mit Blindstich (s. S. 44) an den Vorhangstoff nähen.*

2 *Saumunterkante des Futters von Hand mit Kettelstich (s. S. 45) am unteren Saum des Vorhangs befestigen.*

Arbeitsschritte: Schabracke

1 *An der Oberkante Futter und Vorhangstoff zu einem 2 cm breiten Saum zum Futter hin einschlagen und anbügeln.*

2 *Vorhang auf die rechte Seite wenden und von oben zweimal in der Höhe der fertigen Schabracke einfalten. Oberkante so falten, daß der umgebügelte Saum auf die Faltlinie der Oberkante trifft. Mit Stecknadeln sichern.*

3 *Die Oberkante des Vorhangs mit Blindstich sichern. Für festen Halt der Oberkante alle Stofflagen des Vorhangs und der Schabracke erfassen.*

4 *Fransenborte auf die ungenähte Faltenkante der Schabracke in die richtige Position legen und annähen. – Borte nur an die Faltenkante der Schabracke annähen; nicht durch alle Stofflagen stechen.*

5 *Die Seitenränder der Schabracke einfalten und mit Stecknadeln sichern. Die Seiten mit Blindstich (s. S. 44) zunähen.*

Arbeitsschritte: Kelchfalten

Abstände zwischen den Falten

Um den Abstand zwischen den einzelnen Falten zu berechnen, 20 cm von der Gesamtbreite des Vorhangs für den Randstreifen, der nicht in Falten gelegt wird, abziehen. Die gewünschte Faltenanzahl mit 18 cm multiplizieren und von der Gesamtbreite subtrahieren. Ergebnis durch die Anzahl der benötigten Zwischenabstände (Anzahl der Falten minus eins) dividieren.

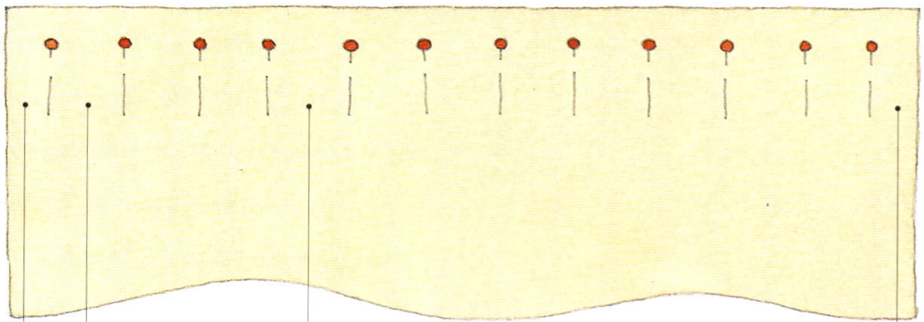

1 *Erste Stecknadel 10 cm vom Seitenrand nach innen versetzt anstecken. 18 cm weiter eine zweite Stecknadel als Markierung für die erste Falte setzen. Zwischenräume auf der ganzen Stoffbreite mit Stecknadeln markieren (s. obere Abb.). Bis auf 10 cm vom Seitenrand abwechselnd die Breite der Faltenfront und die Zwischenräume abstecken.*

2 *Um erste Falte zu nähen, linke Stoffseite an der ersten Stecknadel auf die linke Stoffseite an der zweiten Stecknadel legen. An den Stecknadeln entlang bis an die Oberkante der Fransenborte steppen. Dabei alle Stoffschichten erfassen.*

3 Stoff an der dritten Nadel auf die vierte Nadel legen und steppen. Entsprechend alle Falten auf der ganzen Breite legen und steppen. Danach auseinanderfalten.

4 Auf der Vorhangrückseite an jeder Faltennaht und an den Seitenrändern einen Haken einhängen. Vorhang aufhängen (s. S. 52) und Raffhalter befestigen.

VARIATIONEN FÜR VORHANG MIT SCHABRACKE

Vorhang mit Schabracke, Bordüre und Schleifen

Die Länge der Schabracke wird hier in der Gesamtlänge des Vorhangstoffs berücksichtigt. Der Stoff für die Schabracke wird nach vorn umgeschlagen. Der fertige Vorhang wird mit Schleifen (s. S. 17) an der Stange aufgehängt. Die farblich abgesetzte Bordüre aus dem gleichen Stoff wie die Streifen wird an den Rändern zur Betonung der Schabracke angenäht.

Wenig Aufwand, große Wirkung

Diese Vorhänge sind der Inbegriff eleganter Schlichtheit und beweisen, wie effektiv sich Stoff ohne großen Nähaufwand einsetzen läßt. Die Streifenvorhänge sind auf die fertige Länge und Breite zugeschnitten und über eine Seilbespannung drapiert. Der überhängende Stoff hält die Vorhänge ganz praktisch und sichtbar in Balance.

EINFACHES FALTROLLO

DIE FASZINATION VON ROLLOS liegt in ihrer Schlichtheit. Sie sind zudem recht ökonomisch, was Stoffverbrauch und benötigten Montageplatz angeht. Im Grunde handelt es sich bei Rollos um Stoffe, die glatt vor dem Fenster hängen und sich beim Aufziehen mit einem Schnurzug in einfache Falten zusammenlegen.

Für den Zugmechanismus sind auf der Rückseite des Rollos in regelmäßigen Abständen hölzerne Querstäbe am Futterstoff angebracht. Der Rollostoff ist an einer Leiste befestigt, die über dem Fenster montiert wird. Die Schnüre des Zugs werden in der Mitte und an den Seiten des Rollos durch Ringe, die in vertikalen Reihen an den Querstäben befestigt sind, zur Leiste nach oben gefädelt und verlaufen dann zu einer Seite hin, wo sie mit einem Zugknopf befestigt werden.

Fenstertyp

- Faltrollos passen zu fast jedem Fenstertyp und zu einer Vielzahl unterschiedlicher Interieurs. Sie werden genau in die Laibung oder direkt darüber eingepaßt und lenken nicht von anderen architektonischen und dekorativen Elementen am Fenster ab.
- Rollos sind besonders praktisch, wenn nicht genügend Platz für Vorhänge seitlich des Fensters ist oder wenn die Dekoration einfach strukturiert und ordentlich wirken soll.
- Faltrollos eignen sich nicht für Fenster, die breiter als 1,5 m sind. Rollos, die sehr breit sind, lassen sich nicht gut aufziehen. Durch eine Reihe nebeneinander befestigter Rollos kann dieses Problem jedoch umgangen werden.

Stoffwahl

- Das Stoffmuster sollte sich an der klaren, länglichen Form des Rollos orientieren. Geeignet sind einfache Streifen, Karos und kräftige Muster, die beim Hochziehen des Rollos nicht untergehen.
- Rollostoffe sollen sich beim Hochziehen nicht verziehen. Feste Baumwollstoffe lassen sich am besten verarbeiten, außerdem schwerer Wolltartan und feiner Musselin.

Variationen

- Ein Rollo in kräftigen Farben oder mit kräftigem Muster hebt sich vom Hintergrund ab, besonders von hellen Wänden. Unifarbene, den Wänden angepaßte Rollos verschmelzen mit dem Interieur.
- Die Oberkante eines Rollos kann durch eine Borte an der oberen Leiste, die aus Rollostoff oder einem farblich abgesetzten Stoff gearbeitet ist, hervorgehoben werden.
- Bordüren und Einsätze, die farblich oder vom Muster her abgesetzt sind, dienen der Betonung und stellen die Verbindung zu anderen Ausstattungsgegenständen her.

MATERIALIEN

Stoffbedarf für Rollos

Breite
Gesamtbreite des Rollos (s. S. 38–39) plus 10 cm für Seitenränder

Länge
Gesamtlänge des Rollos (s. S. 38–39) plus 5 cm für den unteren Saum plus 25 cm für Leiste an der Oberkante

Stoffbedarf für Rollofutter und Stofftunnel

Breite Futterstoff
wie für Rollostoff

Länge Futterstoff
wie für Rollostoff

Breite je Stofftunnel
12 cm

Länge je Stofftunnel
Gesamtbreite des Rollos plus 4 cm

Zubehör

Querstäbe
gleiche Anzahl wie Stofftunnel, auf Gesamtbreite des Rollos zugeschnitten

Leiste
5 x 2,5 cm starke Holzleiste auf Gesamtbreite des Rollos zugeschnitten

Messingringe
Anzahl der Stofftunnel multipliziert mit 3

Ringschrauben
gleiche Anzahl wie Ringreihen plus 1

Kunststoffschnur
Mindestens zweimal die Gesamtlänge plus die Breite des Rollos multipliziert mit den Ringreihen (s. S. 54)

Zuggewicht und Krampe aus Messing

Arbeitsschritte: Rollo

1 Stoff mit der rechten Seite nach unten legen. Seiten und untere Kante 5 cm einschlagen und anbügeln. Darauf achten, daß die Ecken im rechten Winkel sind.

Ecke im rechten Winkel

2 Die angebügelten Säume wieder auffalten. Jede Ecke diagonal so einschlagen, daß die diagonale Faltlinie auf den Schnittpunkt der Bügellinien trifft.

Seitliche Bügellinie

Untere Bügellinie

3 Säume seitlich und unten so einschlagen, daß die abgeschrägten Ecken aneinanderstoßen. Von Hand mit Blindstich (s. S. 44) annähen.

4 Die Säume seitlich und unten mit Hexenstich (s. S. 44) sichern.

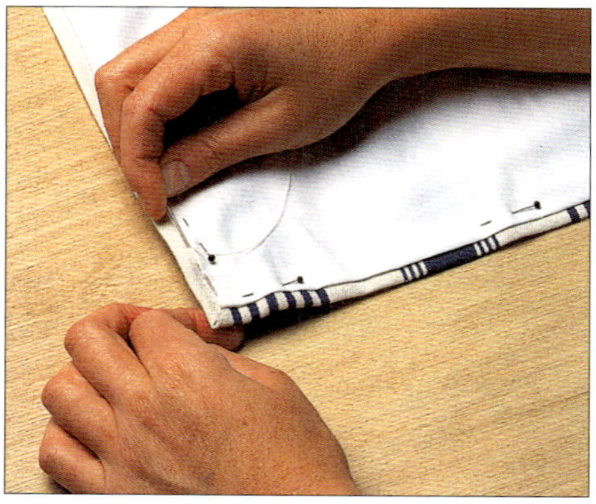

5 Am Futter seitlich und unten 5 cm breite Säume einschlagen. Auf die linke Rolloseite stecken, mit Blindstich annähen. Die Ränder des Rollos sollen 1 cm über das Futter hinausstehen.

Arbeitsschritte: Stofftunnel

1 Stoff für einen Stofftunnel links auf links der Länge nach zur Hälfte falten. Schnittkanten längs für einen Saum 1 cm auf eine Seite falten und anbügeln.

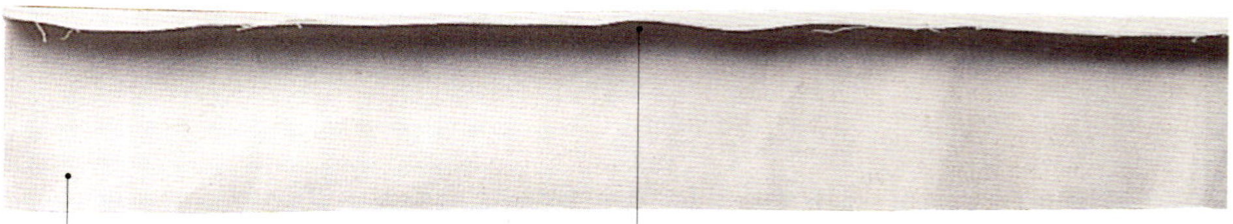

Stoff der Länge nach zur Hälfte gefaltet

Eingeschlagene Längskanten

2 Für einen Doppelsaum Längsseite erneut 1 cm auf der gleichen Seite einschlagen. Anbügeln und mit der Nähmaschine steppen.

1 cm

Stepplinie am Doppelsaum

3 An einem Ende einen 1 cm breiten Doppelsaum einschlagen, anbügeln und steppen. Auf die gleiche Weise die gewünschte Anzahl der Stofftunnel herstellen.

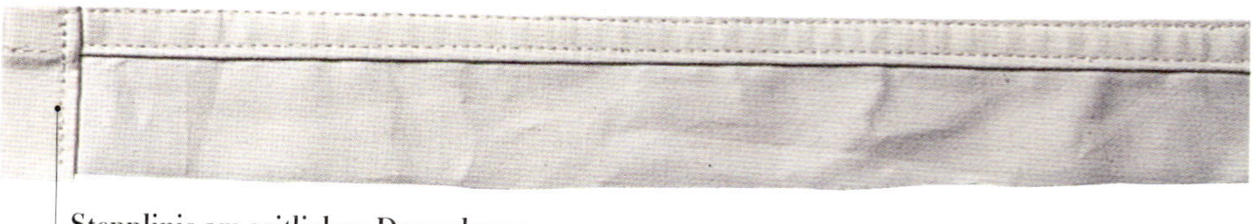

Stepplinie am seitlichen Doppelsaum

4 *Position der Stofftunnel (s. S. 54) auf der Rückseite des Rollos mit Bleistift einzeichnen. Stofftunnel mit der Nahtseite an die Bleistiftmarkierung stecken.*

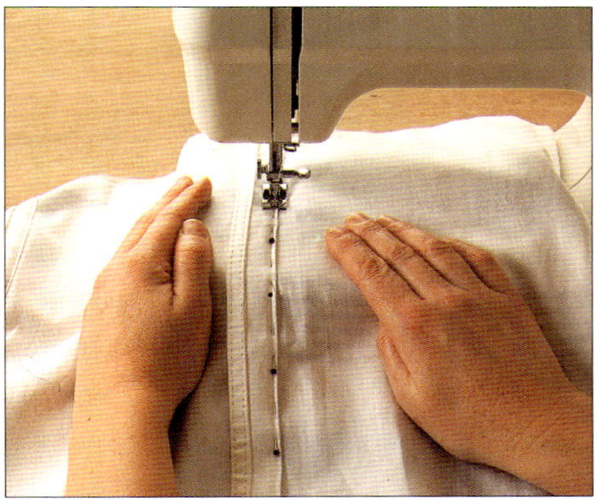

5 *Stofftunnel durch alle Stofflagen hindurch dicht am Rand entlang steppen.*

6 *Querstab in Stofftunnel schieben. Einen 1 cm breiten Doppelsaum in das offene Seitenende einschlagen und mit Blinstich festnähen. Alle Stofftunnel ebenso herstellen und annähen.*

Arbeitsschritte: Schnurzug

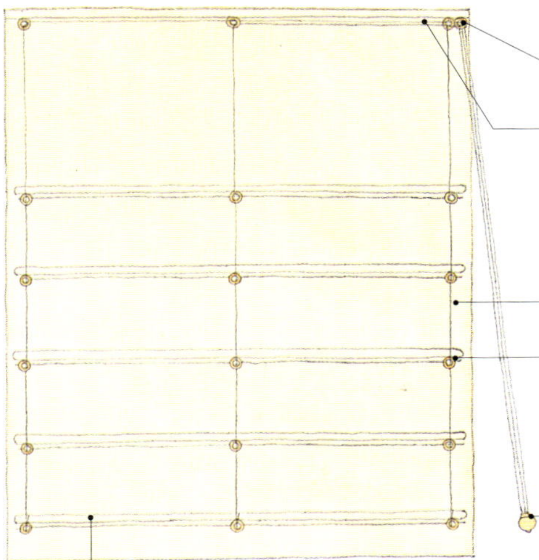

1 *Messingringe an jeder Seite und in der Mitte jedes Stofftunnels (s. Abb. links) mit Knopflochstich (s. S. 45) annähen.*

2 *Anleitung auf S. 55 befolgen und Leiste der Rollo-Oberkante anbringen.*

3 *Prüfen, ob Rollostoff gerade hängt. Ringschrauben durch den Stoff auf der Rückseite der Leiste eindrehen. Drei Schrauben sollen in je einer Reihe mit den Messingringen sein. Eine vierte Schraube wird an einem Ende der Leiste als Durchzug für alle Schnüre eingedreht (s. S. 54–55).*

4 *Schnur durch den linken unteren Ring ziehen und durch die übrigen Ringe auf der linken Seite fädeln. Dann durch die Ringschraube am Ende der Reihe ziehen und an der Oberkante entlang durch die Ringschraube am Leistenende führen. Schnurende in Länge des Rollos überhängen lassen. Die anderen Schnüre in gleicher Weise einziehen.*

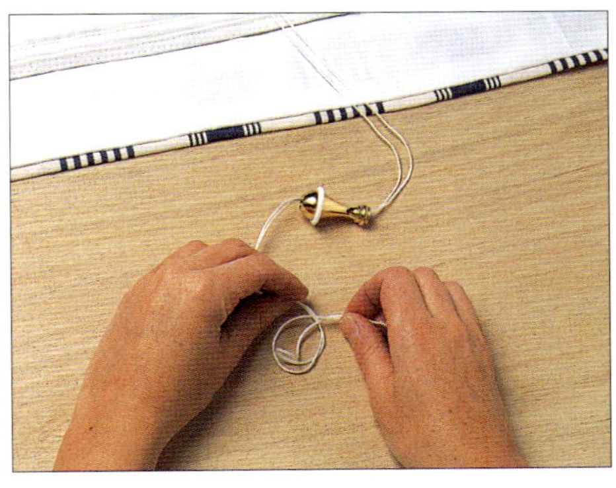

5 *Rollo mit linker Seite nach oben flach hinlegen. Überprüfen, ob die Schnüre gerade und die Schnurenden gleich lang sind. Schnurenden durch einen Zugknopf fädeln und mit einem Knoten sichern. Überstehende Enden unter dem Knoten abschneiden und Rollo aufhängen (s. S. 56–57).*

SCHLEIFENROLLO

DIE SCHÖNHEIT dieses eleganten Rollos beruht auf seiner Schlichtheit. Der Stoff wurde nur wenig bearbeitet und hängt ganz natürlich. Da das Rollo keinen Schnurzug hat, ist es von größerem dekorativem als praktischem Wert. Das Rollo läßt sich einfach von unten bis auf die gewünschte Höhe aufraffen und mit Schleifen nach oben binden. Die Schleifen sind hier aus einem hübschen bunten Stoff gearbeitet, der im Farbkontrast zum Rollostoff steht.

Bei dem hier abgebildeten Rollo wurde der Stoff entsprechend lang geschnitten und ein Teil des Rollostoffs an der Unterkante nach hinten gefaltet, damit beim Aufraffen kein Futterstoff sichtbar wird. Die Oberkante hat einen Saumdurchzug für die Stange.

Fenstertyp

- Diese Art von Rollo eignet sich für Fenster, die an sich nicht sehr attraktiv sind oder einen weniger schönen Ausblick bieten.
- Das schlichte Rollo macht sich gut vor hohen Schiebe- oder Flügelfenstern.
- Über dem Fenster muß noch genug Platz für eine Stange sein, damit der Stoff seitlich vom Fenster und vor dem Fenster locker nach unten fallen kann.
- Das Rollo eignet sich vor allem für Fenster, wo es nicht täglich aufgerollt bzw. heruntergelassen werden muß, wie zum Beispiel im Treppenhaus.

Stoffwahl

- Das Rollo im Bild rechts ist aus Seidentaft genäht. Seidentaft ist leicht, behält aber die Form, wenn das Rollo gerafft wird, und reflektiert die Sonne.
- Alle Stoffe, die ihre Form beim Raffen behalten, eignen sich für diese Art von Rollo. Da ein Großteil des Rollostoffs immer sichtbar ist, ist ein auffälliges, großes Muster sehr effektvoll.
- Die Schleifenbänder sollen einen kräftigen Farbkontrast zum Rollostoff zeigen. Im Beispiel hier wurde für die Bänder und das Rollo Seidentaft verwendet, da die Dekoration schon durch die unterschiedlich großen Karos und die Farbkontraste interessant wirkt.

Variationen

- Statt mit Saumdurchzug für die Aufhängung an einer Stange kann das Rollo auch mit Clips, die um die Stange greifen und an den Stoff geklammert werden, befestigt werden. Es gibt viele Arten von Zierclips, die jedoch meistens nur leichte Stoffe wie Seidentaft tragen können.
- Für einen ländlichen Look kann statt einer dünnen Metallstange eine kräftige Holzstange verwendet werden, passend zum Rollo oder zur Einrichtung lackiert.
- Die Wirkung läßt sich mit verschiedenen Stoffen für die Bänder und das Rollo variieren. So kann etwa ein grober Leinenstoff für das Rollo und Samt für die Bänder oder helles Segeltuch mit Sackleinen kombiniert werden.

MATERIALIEN

Stoffbedarf für Rollo

Breite

Gesamtbreite des Rollos (s. S. 38–39) plus 10 cm für seitliche Nahtzugaben

Länge

Gesamtlänge des Rollos (s. S. 38–39) plus 50 cm für den Stoffumschlag auf der Rückseite plus 4 cm für Saumzugaben plus Zugabe für Saumdurchzug oben (s. S. 44)

Stoffbedarf für Futter

Breite

wie für Rollostoff

Länge

wie für Rollostoff minus 100 cm

Zubehör

Bänder

Pro Band: Streifen mit 12 cm Breite und zweimal die Gesamtlänge des Rollos plus 100 cm plus 2 cm für Nahtzugaben

Stange

Mindestens 45 breiter als Fenster, soll auf jeder Seite mindestens 22,5 cm überstehen

Arbeitsschritte: Rollo

1 *Rollostoff und Futterstoff rechts auf rechts legen; dabei sollen Unterkante und Seitenkanten bündig aufeinander liegen. Etwa 2 cm vom unteren Rand steppen.*

2 *Stoffe auffalten und glatt mit der linken Seite oben ausbreiten. Stoff und Futter seitlich 5 cm umbügeln und Saum beim Rollostoff mit Hexenstich (s. S. 44) sichern.*

3 *Futter und Rollostoff links auf links und oben bündig aufeinanderlegen. Die längere Unterkante des Rollostoffs etwa 50 cm zum Futter hin umschlagen.*

4 *Futter seitlich an den Rollostoff stecken und mit Blindstich (s. S. 44) annähen. Futter stellenweise an die Stoffoberfläche staffieren.*

5 *Oberkante des Rollos 2 cm zum Futter hin umschlagen und anbügeln.*

6 *Oberkante für den Durchzug umschlagen. Die Größe des Durchzugs richtet sich nach dem Durchmesser der Stange, die sich locker im Durchzug drehen können soll. An einem um die Stange gelegten Stoffrest die richtige Größe herausfinden.*

7 *Durchzug an der Oberkante passend für Stangendurchmesser steppen.*

Arbeitsschritte: Bänder

1 Stoff mit rechter Seite nach innen längs zur Hälfte falten. Entlang der Schnittkanten der Längsseite steppen und Stoff wenden. Naht so drehen, daß sie in der Mitte der Bandrückseite liegt und später an dem Rollo nicht sichtbar ist. Band an den offenen Kanten nach innen schlagen und mit Blindstich zunähen. Insgesamt zwei Bänder nähen.

2 Jedes Band der Breite nach falten und an der mittleren Falte 20 cm von den Seitenrändern nach innen versetzt an die Oberkante des Rollos nähen. – Eine Bandhälfte fällt nun über die Vorderseite, die andere über die Rückseite des Rollos. Stange montieren (s. S. 52), Rollo aufhängen, auf die gewünschte Höhe aufraffen und mit Schleifen befestigen.

VARIATION FÜR EIN SCHLEIFENROLLO

Wenn das Rollo nicht zu schwer ist, kann es auch mit Zierclips an der Stange aufgehängt werden. – Der hier gewählte Seidentaft ist dafür leicht genug. Zierclips gibt es in verschiedenen Formen und aus verschiedenen Materialien. Sie werden auf die Stange gesteckt und an die obere Stoffkante geklemmt. Hierfür ist kein Saumdurchzug nötig. Rollos mit Saumdurchzug können jedoch, wie hier im Bild, von der Stange gezogen und mit Clips befestigt werden. Die Saumnaht an der Oberkante ist kaum sichtbar. Das Rollo läßt sich so schnell und einfach variieren. Die hier verwendeten Metallclips können durch lackierte Clips in der Farbe des Stoffs ersetzt werden.

ROLLO MIT EINFASSUNG

DIESES GEFÜTTERTE ROLLO mit Saumdurchzug hat Ähnlichkeit mit einem Faltrollo, wirkt aber weicher. – Die Querstäbe und Stofftunnel, die dem Faltrollo eine gewisse Steife und Struktur verleihen, fehlen hier. Beim Raffen entstehen große, plastische Falten, die auch heruntergelassen teilweise sichtbar bleiben.

Eine Querstange in einem Stofftunnel nahe der Unterkante zwischen den seitlichen Schnurreihen verhindert, daß der Stoff sich zur Mitte hin verzieht und die Seitenränder aus dem Lot geraten. Auf der Rückseite werden für die Schnüre zwei Reihen von Ringen seitlich nach innen versetzt, wodurch im Stoff „Seitenflügel" entstehen. Die breite, schwarze Einfassung der Unterkante betont die Bogenform des Rollos; die schlankeren seitlichen Einfassungen heben die Ränder hervor.

Die Vorhangstange ist mit Messinghaltern an der Wand montiert und hat dicke Endstücke aus Holz, die den Blick auf sich ziehen.

Fenstertyp

• Fenster in Zimmern, Gängen oder Treppenhäusern, wo genug Platz um die Fenster herum ist, eignen sich für diese Art von Rollo mit breiter Vorhangstange.

• Aufgrund der Form und des faszinierende Stils wirkt diese Art von Rollo am besten allein, nicht zur Kombination mit Vorhängen.

Stoffwahl

• Ein eher schwerer Stoff sorgt dafür, daß die Falten in gerafftem Zustand nicht spitz und steif aussehen und das Rollo leger wirkt. Dafür sind bunt bedruckte Baumwollstoffe, wie im Bild, Chenille oder Tartan hervorragend geeignet.

• Opulenter wirkt das Rollo, wenn glänzender Samt verwendet wird, zum Beispiel in dunklem Olivgrün mit kräftig gelber Einfassung. Schwere, weiche Stoffe erzeugen eine gemütliche Atmosphäre.

Variationen

• Die Stange ist nicht mehr sichtbar, wenn das Rollo aufgehängt wird. Die Endstücke jedoch, ob nun schmiedeeisern, aus Glas oder lackiertem Holz, brauchen nicht unbedingt zur Stange zu passen, sondern sollen auf den Raum abgestimmt sein.

• Werden die Schnurringe weiter nach innen versetzt, ändert sich die Form des Rollos. Die „Seitenflügel" werden optisch vergrößert, die zentrale Bogenform stärker betont.

MATERIALIEN

Stoffbedarf für Rollo

Breite
Gesamtbreite des Rollos (s. S. 38–39) minus Breite der seitlichen Einfassungen plus 4 cm seitliche Nahtzugaben

Länge
Gesamtlänge (s. S. 38–39) minus Breite der unteren Einfassung plus Zugabe für Durchzug, abhängig vom Stangendurchmesser (s. S. 41) plus 4 cm für Säume

Stoffbedarf für Einfassungen

Breite der Seiteneinfassungen
Zweimal Gesamtbreite der Einfassung (hier: 5 cm) plus 4 cm für Nahtzugaben

Länge der Seiteneinfassungen
Gesamtlänge des Rollos plus Zugabe für Durchzug (s. S. 41) plus 4 cm seitliche Nahtzugaben

Breite der unteren Einfassungen
Gesamtbreite der Einfassung (hier: 15 cm) plus 4 cm für Nahtzugaben

Länge der unteren Einfassungen
Breite des Rollos plus zweimal Schnittbreite der Seiteneinfassung

Stoffbedarf für Rollofutter und Stofftunnel

Breite für Rollo
wie Rollostoff

Länge
wie für Rollostoff

Stofftunnel
Gesamtbreite des Rollos zwischen den Ringen (s. S. 54) mal 12 cm plus 4 cm seitliche Nahtzugaben

Zubehör

Messingringe
Gesamtlänge des Rollos in cm dividiert durch 15 multipliziert mit 2

Ringschrauben
3

Querstab
Breite gleich Abstand zwischen den Ringen

Kunststoffschnur
Mindestens zweimal die Gesamtlänge des Rollos plus Breite mal Anzahl der Reihen Ringe (s. S. 54)

Vorhangstange
mindestens 30 cm breiter als das Fenster

Zugknopf und Krampe aus Messing

Arbeitsschritte: Rollo

1 *Streifen für die Einfassung rechts auf rechts auf den Rollostoff legen, mit Stecknadeln anstecken und steppen.*

2 *Untere Einfassung entlang den Seitenrändern und am unteren Rand feststecken und steppen.*

3 *Rechte Stoffseite nach unten legen. Untere und seitliche Nahtzugaben zur Einfassung hin bügeln.*

Seiteneinfassung zur Hälfte zur linken Stoffseite gefaltet

eingeschlagene untere Einfassung mit schräg eingeschlagenen Ecken

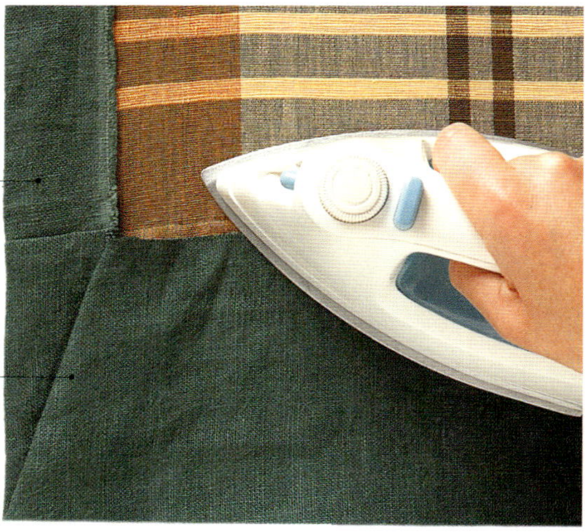

4 *Einfassung an den Seiten zur Hälfte auf die linke Stoffseite umschlagen. An der Unterkante zunächst die seitliche Einfassung einschlagen, dann die untere Einfassung darüber legen. Ecken der unteren Einfassung schräg einschlagen.*

5 *Umgebügelte Nahtzugaben auf der Rückseite mit Blindstich umnähen. Die seitliche und untere Einfassung mit Hexenstich (s. S. 44) sichern. (Die unversäuberten Schnittkanten werden später vom Futter verdeckt.)*

6 *Rollostoff und Futter rechts auf rechts legen. Nahtzugaben einschlagen und Futter so auf den Stoff legen, daß die unversäuberten Kanten verdeckt werden. Mit Stecknadeln an den Seiten und dem unteren Rand befestigen und steppen.*

7 *An der Oberkante einen 2 cm breiten Saum umbügeln. Nahtzugaben von Stoff und Futter einschlagen, feststecken und mit Blindstich annähen.*

8 *Mit Stecknadeln die Umbruchlinie für die obere Kante des Saumdurchzugs markieren.*

9 *Stoff für den Durchzug an der Oberkante des Rollos an der markierten Linie einschlagen und anbügeln.*

10 *Saumdurchzug auf der linken Stoffseite feststecken und mit Blindstich annähen.*

Arbeitsschritte: Stofftunnel und Schnurzug

1 *Ringe in zwei senkrechten Reihen 10 cm von den Rändern nach innen versetzt auf die Rückseite des Rollos nähen. Dazu den untersten Ring 15 cm über der unteren Umbruchkante und die übrigen Ringe im Abstand von etwa 15 cm darüber setzen. Die Position der Ringe so kalkulieren, daß der oberste Ring mindestens 20 cm unter der oberen Umbruchkante befestigt wird.*

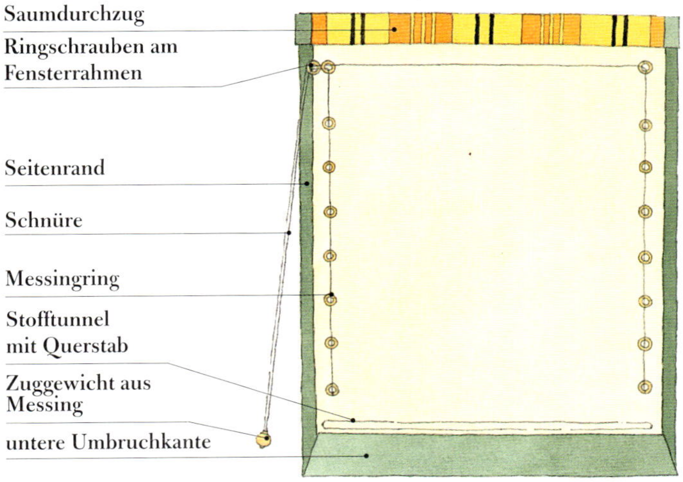

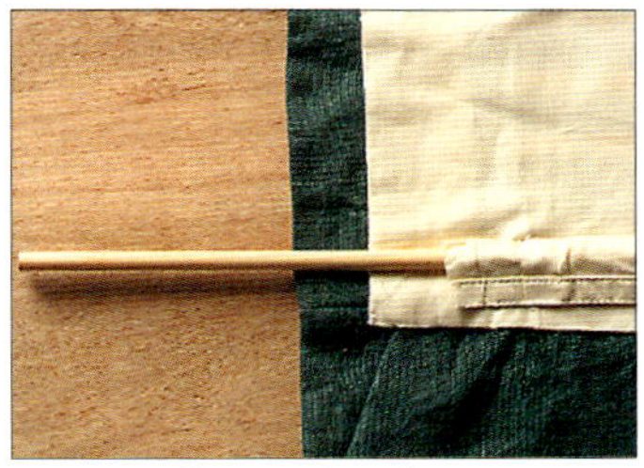

2 *Stofftunnel nähen (s. Schritte 1–3, S. 89). Auf der Rückseite dicht über der unteren Futterkante aufstecken und steppen.*

3 *Einen 1 cm breiten Doppelsaum auf der offenen Seite des Stofftunnels einschlagen und mit Blindstich zunähen. Die Enden des fertigen Stofftunnels sollten senkrecht in einer Reihe mit den Ringen und seitlich 10 cm nach innen versetzt sein.*

4 *Schnüre durch die Ringe auf der Rückseite des Rollos ziehen (s. S. 54). Das Rollo aufhängen. Die herunterhängenden Schnurenden durch Ringschrauben am Fensterrahmen und zum Schluß durch einen Zugknopf fädeln.*

Raffrollo mit Bordüre

Dieses Rollo ähnelt zwar in der Machart einem einfachen Faltrollo (s.S.96), sieht jedoch völlig anders aus. Das Rollo wird auch mit einem Schnurzug hochgezogen und heruntergelassen, doch funktioniert die Zugvorrichtung ohne Querstäbe nur mit zwei seitlich angebrachten Schnüren.

Da dieses Rollo nicht mit Futter besetzt ist, faltet sich der Stoff beim Hochziehen gut zusammen und erhöht den Lichteinfall. Die feste Bordüre wirkt verstärkend.

Fenstertyp

- Dieses Rollo macht sich gut an Fenstern, die mit der Wand bündig sind, wenn auf beiden Seiten genügend Platz ist, und an Fenstern, die zurückgesetzt sind, wenn das Rollo vorn in der Nische montiert wird. Es eignet sich auch für breite und quadratische sowie für nebeneinanderliegende Fenster.
- Diese Art von ungefüttertem Rollo ist bei weniger schönen Fensterblicken praktisch, da auch Licht einfällt, wenn das Rollo heruntergelassen ist. Zur Verdunkelung nachts kann ein lichtdichtes Springrollo dahinter montiert werden.

Stoffwahl

- Kleine Rollos wirken mit großen Mustern nicht; Streifen, Karos oder hübsche, kleine Muster eignen sich besser. Auch kräftig leuchtende, einfarbige Stoffe mit kleingemusterten Bordüren machen sich gut. Die Breite von Bordüren läßt sich je nach Streifenbreite oder Muster im Stoff variieren.
- Beidseitig verwendbare Stoffe oder solche ohne klar definierbare Vorder- und Rückseite sind sogar von außen interessant.
- Schwere Gewebe, wie Samt und Brokat, würden seitlich zu sehr ziehen und eignen sich deshalb nicht.

Variationen

- Die Bogenform wird durch die seitlichen Ringe bewirkt. Wenn zusätzlich Ringe in der Mitte angenäht werden, ändert sich die Form; das Rollo wird in der Mitte angehoben.
- Ganz anders ist die Wirkung, wenn die Bordürenkante weggelassen wird.
- Das Rollo kann auch mit einem Saumdurchzug an einer Stange aufgehängt werden.

MATERIALIEN

Stoffbedarf für Rollo

Breite
Gesamtbreite des Rollos (s. S. 38–39) minus zweimal die Breite der Bordüre plus 4 cm Nahtzugaben

Länge
Gesamtlänge des Rollos (s. S. 38–39) plus 2 cm untere Nahtzugabe plus 25 cm für die Leiste an der Oberkante

Stoffbedarf für Bordüre

Seitenrand (senkrecht)
pro Seite: Gesamtlänge des Rollos mal zweimal die Gesamtbreite der Bordüre (hier: 5 cm) plus 4 cm Nahtzugaben.

Unterkante (horizontal)
Breite des Rollos plus zweimal die Schnittbreite der Bordüre seitlich mal Gesamtbreite der Bordüre plus 4 cm Nahtzugaben

Zubehör

Leiste
5 x 2,5 cm starke Holzleiste, auf die Gesamtbreite des Rollos zugeschnitten

Messingringe
Gesamtlänge des Rollos in cm dividiert durch 15 multipliziert mit 2

Ringschrauben
3

Kunststoffschnur
Mindestens zweimal die Rollolänge plus Breite mal Anzahl der Ringe (s. S. 54)

Zuggewichten und Krampe aus Messing

Arbeitsschritte: Rollo

1 Stoff und Bordüre rechts auf rechts legen. Bordürenstück oben am Stoff ansetzen und seitlich bis unten anlegen. 2 cm vom äußeren Rand steppen. Auf der anderen Seite genauso verfahren. Danach unteres Bordürenstück annähen; dabei über die seitlichen Bordürenstücke steppen.

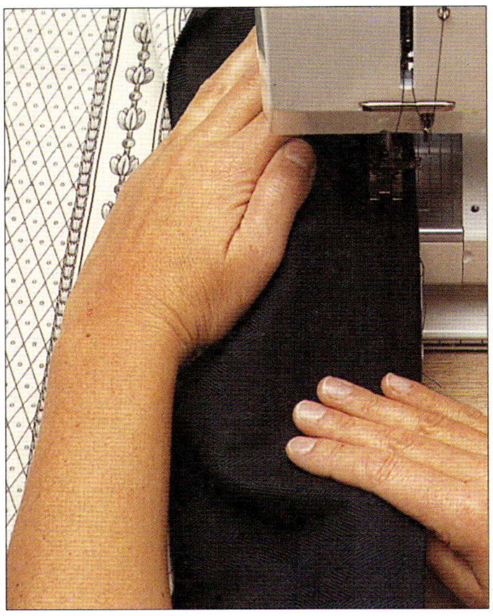

2 Stoff mit der rechten Seite nach unten legen. Nahtzugaben zur Bordüre hin bügeln.

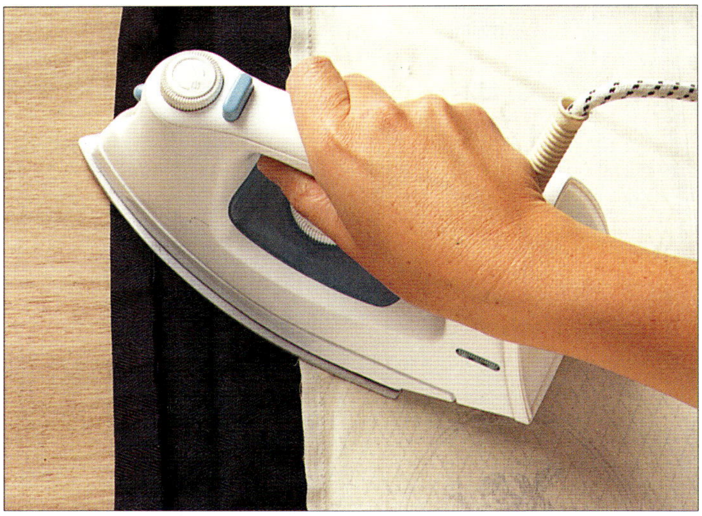

3 Seitliche und untere Nahtzugaben der Bordüre 2 cm auf der linken Stoffseite einschlagen und anbügeln.

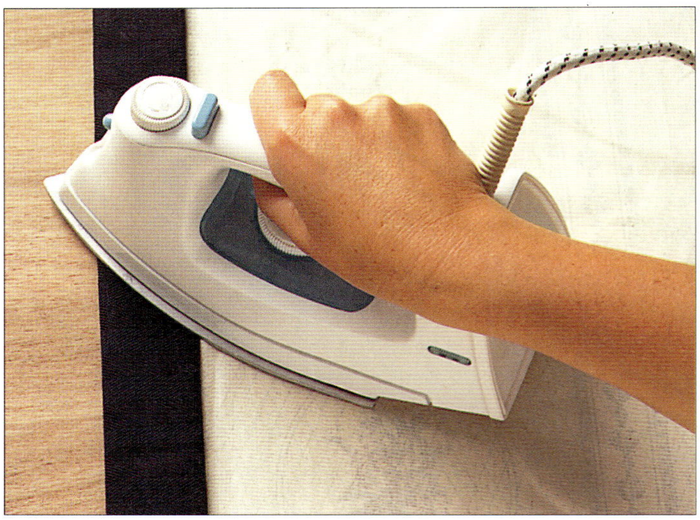

4 Die Bordüre seitlich einschlagen, so daß die Nahtlinien knapp bedeckt sind. Bügeln und feststecken.

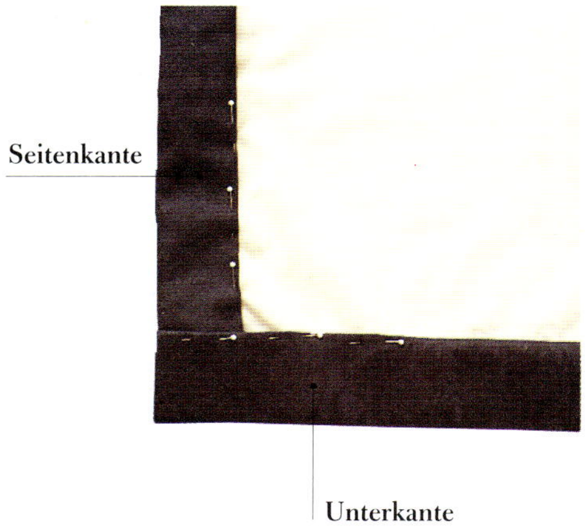

5 Rand an der Bordüre unten so einschlagen, daß er auf die Seitenränder trifft. Feststecken und bügeln.

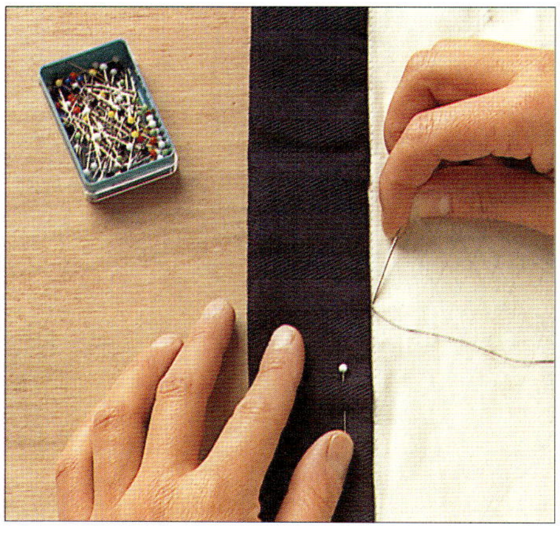

6 Seiten und Unterkante auf der linken Stoffseite am inneren Rand der Bordüre mit Blindstich (s. S. 44) nähen. Stecknadeln entfernen.

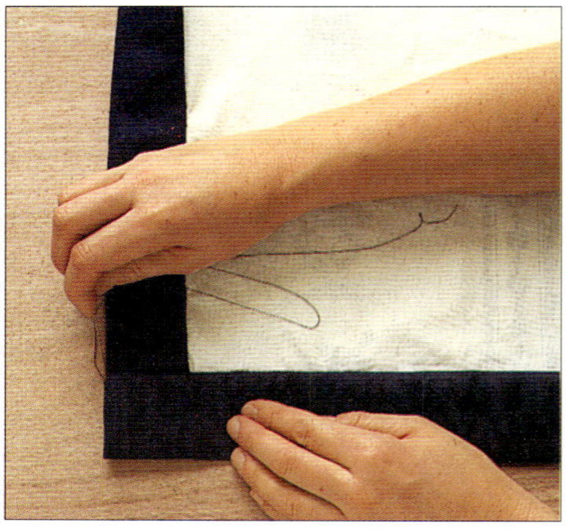

7 Außenkanten der Bordüre in den unteren Ecken nähen. Leisten und Ringschrauben laut Anleitung auf S. 55 befestigen.

Arbeitsschritte: Schnurzug

1 Ringe 10 cm von den Seitenrändern nach innen versetzt auf die Rückseite des Rollos nähen. Untersten Ring direkt über die Bordüre setzen. Die übrigen Ringe im Abstand von 15 cm zueinander in einer Reihe nach oben hin annähen.

2 Eine Schnur durch den unteren, linken Ring ziehen, durch die übrigen Ringe nach oben und zum Schluß durch die Ringschraube ziehen. Zweite Schnur an der rechten Seite einziehen.

3 Wenn beide Schnurenden gleich lang sind, durch einen Zugknopf aus Messing ziehen und gut verknoten. Überstehende Enden unterhalb des Knotens abschneiden. Rollo aufhängen (s. S. 56-57).

VARIATION FÜR UNGEFÜTTERTES RAFFROLLO

Das abgebildete Raffrollo hängt in einer hohen, geschmackvoll dekorierten Fensternische. Das Rollo ist ungefüttert und hat keine eingefaßten Ränder. Der Stoff ist ein hübscher, bedruckter Toile de Jouy in ungewöhnlicher Farbkombination. Für den Schnurzug wurde zusätzlich zu den seitlichen Schüren eine Schnur in der Mitte gezogen. Dadurch erscheint die Unterkante gerade wie bei einem Faltrollo. Da keine Querstäbe eingesetzt wurden, wirkt das Rollo trotzdem leger. Beim Hochziehen spannt sich der Stoff leicht in einem Bogen und nimmt eine weiche Form an. Die Zugvorrichtung mit einem durch alle Stoffschichten aufgenähten Band erzeugt einen leichten, ansehnlichen Kräuseleffekt.

Bauschrollo mit Mittelfalte

Dieses reizvolle Rollo besteht im Grunde aus einem Stoff, der durch eine Längsfalte in der Mitte in zwei Hälften geteilt wird. Der Schnitt wird durch den anders gemusterten Stoff der Falte und Bordüre unterstrichen. Die Falte erhält die leicht geschwungene Form durch ein auf der Rückseite angenähtes Kräuselband.

Fenstertyp

- Diese Art von Rollo wirkt am besten lang und macht sich vor hohen, schmalen Fenstern besonders gut. Es eignet sich zur Aufhängung in einer Nische oder vor einem schönen Fenster.
- Das Rollo sieht sehr wirkungsvoll aus, wenn es nur zur Hälfte nach oben gezogen wird und weiche Falten formen kann. Das Fenster sollte daher möglichst keine wichtige Quelle für Sonnenlicht sein. Mit diesem Rollo läßt sich ein Fenster ohne guten Ausblick attraktiv verschleiern.

Stoffwahl

- Der beste Effekt wird hier mit zwei verschiedenen, aber durchaus verträglichen Stoffen, wie unterschiedlichen Baumwollstoffen, erzielt. Leinen knittert schnell und ist deshalb nur für einen bewußt legeren Look geeignet.
- Chenille und Wollstoff wirken weicher und schwerer. Transparente Gewebe, selbst hauchdünner Musselin, wirkend faszinierend, wenn das Licht durch das Gewebe fällt.
- Das Stoffmuster sollte auch dann noch wirkungsvoll sein, wenn der Stoff für die Falte geteilt wird.
- Blumenmuster, wie bei klassischem italienischem Damast, passen gut zu diesem Rollo. Für die Bordüre und Falte können dann kleingemusterte oder unifarbene Stoffe gewählt werden.

Variationen

- Statt mit einer Leiste und Bordüre kann dieses Rollo mit einem Saumdurchzug für eine Stange angefertigt werden. An der Wand sollte genug Platz für die Stange und dekorative Endstücke sein, das unterstreicht die Wirkung.
- Durch eine breitere Bordüre an der Oberkante wird die Länge des Rollos unterstrichen. Für mehr Textur und Kontrast kann eine Paspel oder eine dicke Kordel zwischen Oberkante und Rollo genäht werden.

MATERIALIEN

Stoffbedarf für Rollo

Breite

Gesamtbreite (s. S. 38–39) plus 10 cm für seitliche Säume plus 4 cm für Nahtzugaben an der Falte. Nach dem Zuschnitt wird der Stoff längs halbiert. Bei gemustertem Stoff zusätzlich den Verschnitt (s. S. 41) berücksichtigen.

Länge

Gesamtlänge (s. S. 38–39) plus 7 cm für Nahtzugaben plus 5 cm für aufgebauschte Unterkante

Stoffbedarf für Falte und Bordüre

Breite der Falte

Zweimal Faltenbreite (s. S. 41) plus 4 cm für seitliche Nahtzugaben

Länge der Falte

Wie für Rollostoff

Breite der Bordüre

Gesamtbreite des Rollos plus 4 cm für Nahtzugaben

Stofflänge der Bordüre

Breite plus 2 cm für Nahtzugaben plus 25 cm für Leiste

Stoffbedarf für Rollo- und Bordürenfutter

Futterbreite für Rollo

Gesamtbreite des Rollos plus zweimal Faltenbreite

Futterlänge für Rollo

wie für Rollostoff

Futterbreite für Bordüre

wie für Bordüre

Futterlänge für Bordüre

wie für Bordüre

Zubehör

Faltenband

2,5 cm, auf Gesamtlänge des Rollos zugeschnitten

Ringe

Gesamtlänge des Rollos in cm dividiert durch 15 multipliziert mit 2

Leiste

5 x 2,5 cm starke Holzleiste, auf Gesamtbreite des Rollos zugeschnitten

Ringschrauben

3

Kunststoffschnur

Mindestens zweimal die Länge des Rollos plus Breite mal 2 (s. S. 54)

Zuggewicht und Krampe aus Messing

Arbeitsschritte: Rollo

1 *Rollostoff und Faltenstoff rechts auf rechts legen und seitlich 2 cm vom Rand steppen. Es entsteht eine große Stoffbahn. Der Faltenstoff ist in der Mitte.*

2 *Nahtzugaben zum Faltenstoff hin bügeln, damit sie nicht durchscheinen können, wenn das Rollo hängt. Wenn der Faltenstoff heller ist, umgekehrt vorgehen.*

3 *Seitlich und an der Unterkante 5 cm breite Säume einschlagen, anbügeln und wieder auffalten. Ecken diagonal so einschlagen, daß die Diagonale durch die Schnittkanten der Bügelkanten verläuft.*

4 *Unteren Saum erneut einschlagen; dann seitliche Säume so einschlagen, daß die Ecken zusammentreffen. Schrägkanten mit Blindstich (s. S. 44) annähen. Säume seitlich und an der Unterkante mit Hexenstich sichern (s. S. 44).*

5 *Stoff und Futter links auf links legen. Nahtzugaben umbügeln. Futter so auf den Stoff legen, daß zwischen der Kante des Futterstoffs etwa 1 cm innerhalb des Stoffrands liegt.*

6 Futter an beiden Seitenrändern mit Blindstich auf den Stoff nähen.

7 2,5 cm breites Faltenband längs in die Mitte der Rückseite des Faltenstoffs stecken. Steppen und dabei alle Stofflagen erfassen.

8 Schnüre an der Unterkante der Falte locker hängen lassen; an der Oberkante verknoten.

9 Stoff auf die rechte Seite wenden. In der Mitte des Faltenstoffs eine Linie anzeichnen und Rollostoff von links und rechts an diese Linie falten. Feststecken und bügeln.

Arbeitsschritte: Bordüre

1 Futterstoff für Bordüre mit linker Seite nach oben legen. Linke Stoffseite auf den Futterstoff legen. Die obere Kante des Futters und die Stoffoberkante müssen genau aufeinanderliegen. Bordürenstoff mit der rechten Seite auf den Stoff legen. Futter und Bordürenstoff stehen an beiden Seiten 5 cm über den Rollostoff hinaus.

2 *Die drei Stofflagen an der Oberkante zusammenstecken und 2 cm vom Rand steppen. Darauf achten, daß die Falte nicht die Form verliert. Gleichzeitig wird das Faltenband mitangenäht. Den Knoten der Schnüre verdeckt die Bordüre.*

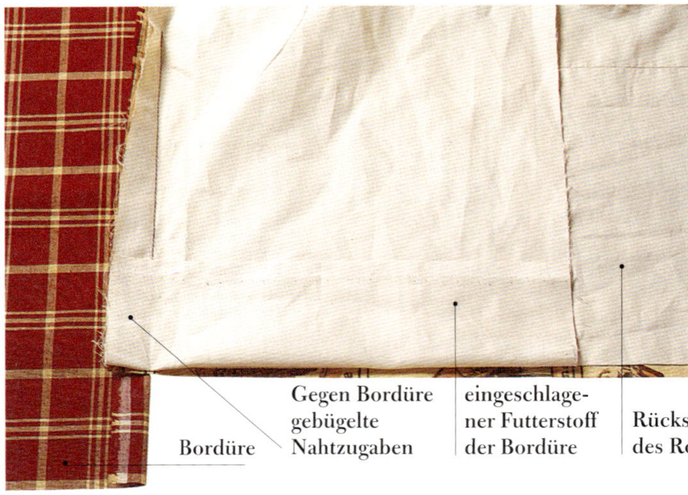

3 *Rollo mit der rechten Seite nach unten legen und Bordüre auffalten. Futterstoff der Bordüre auf beiden Seiten so einfalten, daß er mit den seitlichen Rollokanten bündig ist. Nahtzugaben zur Bordüre bügeln.*

4 *Bordüre auf beiden Seiten wie Futterstoff so einschlagen, daß sie mit den seitlichen Rollokanten bündig ist.*

5 *Futterstoff so falten, daß er links auf der linken Bordürenseite liegt. Seitennähte mit Blindstich sichern.*

Arbeitsschritte: Schnurzug

1 *Ringe in zwei vertikalen Reihen, seitlich 10 cm nach innen versetzt auf die Rückseite nähen. Unteren Ring etwa 5 cm von unterster Kante setzen. Übrige Ringe in einem Abstand von 30 cm übereinander nähen. Die Abstände können variieren, sollten aber nie weniger als 30 cm betragen.*

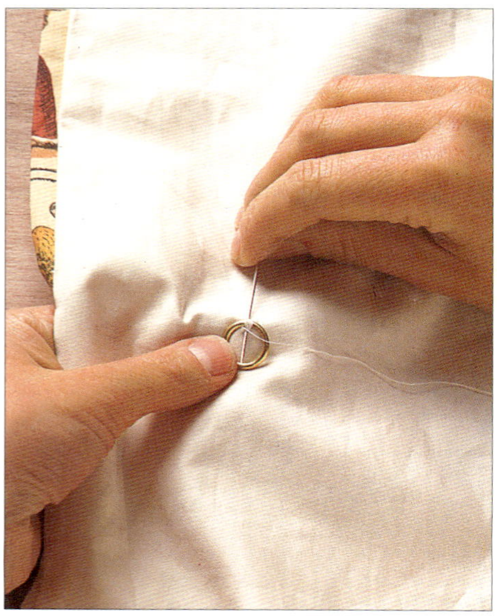

2 *Leiste und Ringschrauben am Rollo befestigen (s. S. 55). Schnüre vertikal durch die Ringe und die Ringschrauben ziehen. Schnurenden mit einem Zugknopf sichern (s. S. 54).*

Arbeitsschritte: Kräuseln des Faltenbands

1 An den Schnüren des Faltenbands ziehen, um den unteren Teil der Falte zu kräuseln. Die Stärke der Kräuselung ist Geschmacksache, üblich sind 20–25 cm gezogene Schnur.

2 Die Schnüre am Ende aufwickeln und verknoten. Den Knoten von Hand so an die Rückseite nähen, daß er von vorn nicht sichtbar ist. Rollo aufhängen.

VARIATION FÜR EIN BAUSCHROLLO MIT FALTEN

Das Rollo im Bild rechts hat nicht nur eine Längsfalte, sondern gleich drei, die den Stoff in vier Teile teilen. Der Schnurzug – bestehend aus Ringen in der Mitte und an den Seitenrändern – hebt das Rollo in zwei Bögen an. Die biesenförmigen Falten bauschen nicht sehr auf. Sie absorbieren Licht und erzeugen lange, schmale Schatten auf der Stoffoberfläche. Die kreative Oberkantenform verleiht dem von einem schwarzen Rahmen gesäumten Rollo zusätzliche Eleganz und Schönheit.

Gefüttertes Bauschrollo

Die gleichmässig auf die Breite verteilten Längsfalten heben die strenge, klare Linienform dieses Rollos hervor und verleihen der Unterkante Fülle und Form. Die Schnüre werden vertikal durch Ringe direkt hinter den Falten nach oben geführt, so daß der Stoff zwischen jeder Falte weich nach unten fällt, wenn das Rollo hochgezogen wird. Diese Art von Rollo sollte nicht an einer Stange, sondern einer Leiste befestigt werden. Sie kommt gut vor oder in einer Fensternische zur Geltung.

Fenstertyp

• Ein solches Rollo macht sich an breiten Fenstern am besten und bricht die harten Linien eines an sich schmucklosen Schiebefensters.
• Hochformatige Fenster eignen sich für diesen Rollotyp nicht. Es wäre problematisch, ein langes Rollo mit der durch die Falten entstehenden Stoffülle zu bewegen.
• Bei Sprossenfenstern können die Sprossen als ungefähre Richtlinie für die Falten dienen. Ein wenig Asymmetrie in der Gestaltung schadet bei Rollos jedoch auch nicht.

Stoffwahl

• Fast jeder Stoff ist hier tauglich. Im allgemeinen wirken Stoffe, welche die Form betonen, wie gestreifte, karierte oder einfarbige Stoffe, besser als unruhig gemusterte. Der klassische Streifenstoff im Bild rechts hat Struktur und Farbe, beeinträchtigt jedoch die Wirkung der geometrischen Form des Rollos nicht.
• Kräftige Baumwollstoffe und leichte Leinenstoffe ergeben gute Falten und tragen beim Raffen nicht zu sehr auf.
• Die Gestaltung mit quer gemusterten Stoffen ist bei diesem Rollotyp schwieriger, da das Muster beim Hochziehen und Faltenlegen seine Wirkung nicht verlieren soll.
• Durch einen dunkleren Futterstoff kann der Dekoration eine interessante Note verliehen werden, besonders wenn sich die Farben im einfallenden Licht widerspiegeln.

Varianten

• Eine Fransenborte an der Unterkante des Rollos gibt mehr Stand und Akzent (s. S. 29). Die Fransenborte sollte stilistisch zu dem Stoff und der Einrichtung passen. Im Bild rechts wäre beispielsweise eine Borte aus dicken Jutesträngen geeigneter als eine verzierte Seidenborte mit Quasten.
• Durch einen anderen Stoff für die Falten bekommt das Rollo mehr Tiefe und Farbkontrast.

MATERIALIEN

Stoffbedarf für Rollo

Breite
Gesamtbreite des Rollos (s. S. 38–39) plus 10 cm für Seitensäume plus benötigte Breite pro Falte (s. S. 41) plus 10 cm für Retoure

Länge
Gesamtlänge des Rollos (s. S. 38–39) plus 5 cm für unteren Saum plus 25 cm zum Aufbauschen unten plus 5 cm für die Leiste oben

Stoffbedarf für Futter

Breite
wie für Rollostoff minus 10 cm

Länge
wie für Rollostoff minus 5 cm

Leistenbezug
ausreichend, um Leiste vollständige zu verkleiden (s. S. 55)

Zubehör

Messingringe
Gesamtlänge des Rollos in cm dividiert durch 15 multipliziert mit Anzahl der Falten plus 2

Leiste
5 x 2,5 cm Holzleiste, auf Gesamtbreite des Rollos zugeschnitten und mit Futterstoff bezogen (s. S. 56)

Ringschrauben
gleiche Anzahl wie Falten plus 3

Kunststoffschnur
Zweimal Gesamtlänge des Rollos plus Breite mal Anzahl der Falten plus 2 (s. S. 54)

Zuggewicht und Krampe aus Messing

Arbeitsschritte: Rollo

1 *Stoff mit der rechen Seite nach unten legen. Seitlich und unten 5 cm breite Säume umbügeln und wieder auffalten. Ecken diagonal so einschlagen, daß die Schnittkante durch die eingebügelten Saumumbrüche verläuft.*

2 *Säume seitlich und unten mit abgeschrägten Ecken einschlagen . Darauf achten, daß in den Ecken das Muster aufgeht, wo die Saumkanten aufeinandertreffen. Ecken feststecken.*

3 *Säume seitlich und unten mit Hexenstich (s. S. 44) sichern. Für die abgeschrägten Ecken Blindstich (s. S. 44) verwenden.*

Arbeitsschritte: Futter aufnähen

1 Stoff und Futter links auf links legen. Seitliche und untere Nahtzugaben des Futters so nach innen einschlagen, daß der Futterstoff etwa 1 cm innerhalb der Rollokante liegt. Bügeln und mit Stecknadeln feststecken.

2 Bei einem breiten Rollo wie hier (Gesamtbreite 183 cm), dessen Breite zusammengesetzt wird, Futter in Bahnenbreite und halber Bahnenbreite anstaffieren (s. S. 43).

3 Futterkanten mit Blindstich am unteren Rand und den Seitenrändern annähen. Oberkante offen lassen.

Arbeitsschritte: Falten

1 Vom Seitenrand her die Frontbreite der einzelnen Falten abmessen und 5 cm für die Retoure dazugeben. Die Position der Falten vertikal mit Stecknadeln markieren. Hier beträgt der Abstand zwischen den Falten 45 cm.

2 Die Zugabe für den Abstand zwischen jeder Falte abmessen (s. S. 41) und vertikal mit mehreren Stecknadeln kennzeichnen. Hier werden pro Falte 15 cm zugegeben.

3 Die Zugabe für die nächste Falte messen – abzüglich 5 cm für die Retoure – und dann für die nächste Falte. Die ganze Breite bis zum anderen Seitenrand abmessen und mit Stecknadelreihen markieren. Am Rand müssen wieder 5 cm für die Retoure zugegeben werden.

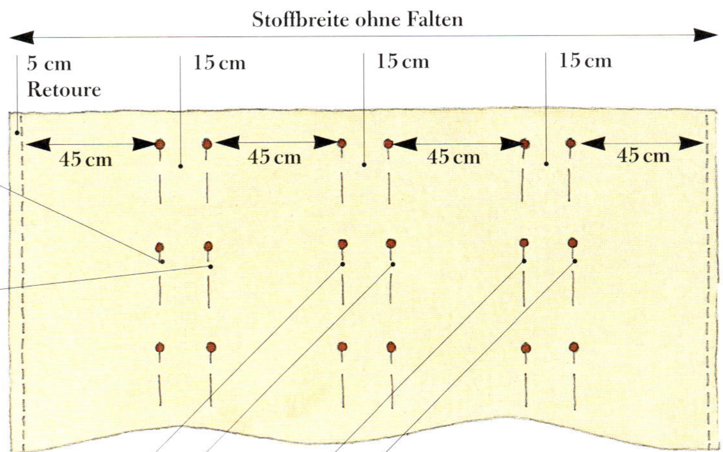

4 Als Markierungspunkte für die Falten, die Mitte zwischen zwei Stecknadelreihen messen und mit einer weiteren dazwischen markieren.

5 Abstand zwischen dritter und vierter Nadelreihe genauso messen und markieren. Die ganze Breite bis zum anderen Seitenrand abmessen und mit Stecknadeln markieren.

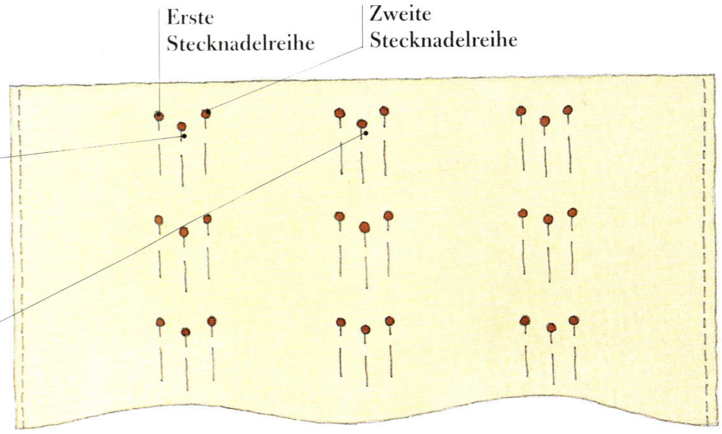

6 Stoff an der ersten Stecknadelreihe auf die zweite Reihe falten. Stoff von der anderen Seite her so falten, daß die dritte Stecknadelreihe auch auf der zweiten liegt. Falten anbügeln. Vorgang für alle Falten wiederholen.

7 Nach dem Anbügeln aller Falten Stoff umdrehen und prüfen, ob alle Falten gerade sind und die richtige Form haben. Nötigenfalls Falten neu legen.

8 Stoff auf die rechte Seite wenden. Entlang der oberen Kante steppen, um die Falten zu sichern. Darauf achten, daß dabei auch das Futter angenäht wird.

9 Eine Bleistiftlinie 5 cm von der Oberkante anzeichnen. Dicht neben der Linie eine Naht steppen, die verhindert, daß die Falten sich öffnen, wenn die Oberkante des Rollos um die Leiste gewickelt wird.

Arbeitsschritte: Schnurzug

1 Ringe auf der Rückseite des Rollos in vertikalen Reihen annähen (s. S. 54). Untersten Ring 5 cm über der Unterkante setzen; übrige Ringe in Abständen von etwa 15 cm. Die äußeren Reihen etwa 10 cm nach innen versetzt anbringen. Eine Reihe in der Stoffmitte anbringen.

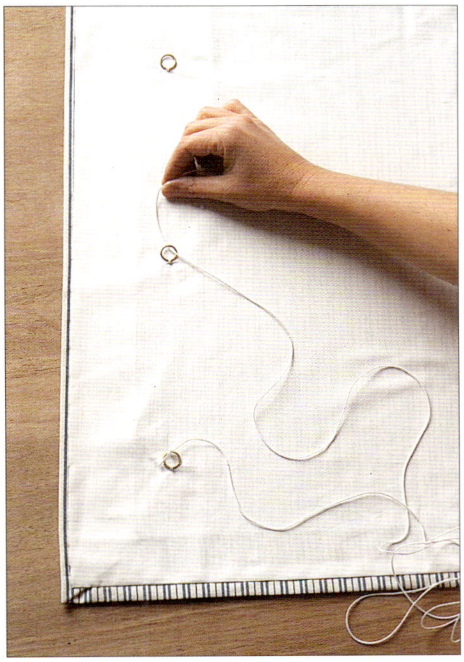

2 Leiste an der Oberkante des Rollos befestigen (s. S. 56) und Ringschrauben (s. S. 55) oberhalb der Ringe eindrehen. Schnüre durch Ringe und Ringschrauben ziehen. Schnurenden durch Zuggewicht fädeln und verknoten. Rollo aufhängen.

VARIATION FÜR GEFÜTTERTES BAUSCHROLLO

Die Fransenborte dient der Zierde, gibt dem Arrangement aber auch mehr Stand und betont die geschwungene Bogenform der Unterkante. Die Fransenborte ist farblich auf den Stoff des Rollos abgestimmt und unterstreicht die bewußt schlichte Machart.

Pflegehinweise

Vorhänge und Rollos halten länger und sehen besser aus, wenn sie schonend behandelt werden. Die meisten Stoffe bleichen zwar mit der Zeit aus, doch läßt sich dieser Vorgang aufhalten, wenn die Vorhänge bzw. das Rollo während des Tages zur Seite bzw. nach oben gezogen werden.

Reinigung

Stets die Pflegehinweise des Herstellers beachten. Chemische Reinigung empfiehlt sich bei Rollos und fast allen Vorhängen.

Einfache, ungefütterte Vorhänge können in der Maschine gewaschen werden, doch besteht die Gefahr, daß sie einlaufen, wenn es sich um Naturfasergewebe handelt. Stoff, der nicht vorgewaschen ist, sollte vor der Verarbeitung gewaschen und gebügelt oder mit einem längeren Saum versehen werden, den man auslassen kann.

Vorhänge mit Einlagestoff dürfen nicht in der Maschine gewaschen werden und gefütterte Vorhänge nur dann, wenn das Futter abtrennbar ist. – Futter und Vorhangstoff könnten unterschiedlich stark einlaufen und das Gewebe verziehen.

Rollos nur dann selbst waschen, wenn der Stoff vorgewaschen ist und mit Sicherheit nicht mehr einläuft. Messingringe, Schnüre und Querstäbe müssen vor dem Waschen entfernt werden.

Flecken entfernen

Kleinere Flecken lassen sich oft sofort wieder entfernen. Flecken so gut wie möglich abtupfen und mit speziellem Fleckenreiniger behandeln, der zuerst an einer unauffälligen Stelle ausprobiert wird. Bei Seide oder Wollstoff Wasser vermeiden, da es den Stoff möglicherweise entfärbt und einlaufen läßt.

Glossar

Abschrägen von Säumen: Die Ecken zwischen unterem Saumrand und seitlichen Rändern so einschlagen, daß sie schräg aneinanderstoßen (s.S.46).

Bleistiftfalten: Schlanke Falten, die beim Zusammenziehen von breitem Faltenband erzielt werden.

Brokat: Schwere Geweheart, in die ein mit Silber- und Goldfäden durchzogenes Muster eingewebt ist; ursprünglich aus Seide, heute auch aus Baumwolle gefertigt.

Buckram: Versteiftes Leinen zur Verstärkung von Oberkanten mit Falten. Aufbügelbarer Buckramstoff verbindet sich durch die Hitze des Bügeleisens mit dem Stoff.

Chenille: Weicher Stoff aus Baumwollzwirn mit abstehenden Fasern (s.S.33).

Chintz: Meist ein floral gemustertes Baumwollgewebe mit cremefarbenem bzw. hellem Untergrund (s.S.35).

Damast: Gewebe aus Wolle, Seide oder Baumwolle mit spezieller Bindung, die ein abgesetztes Muster auf glattem Untergrund erzeugt (s.S.33–35).

Dreifachfalten: Art der Oberkantengestaltung mit Falten, die jeweils aus drei schlanken Falten (ähnlich den Bleistiftfalten) bestehen und am besten von Hand gelegt werden, aber auch mit Faltenband erzeugt werden können (s.S.50).

Einlagestoff (Zwischenfutter): Gekämmtes Baumwollgewebe, das für größere Stoffülle und zur Wärmedämmung zwischen Stoff und Futter gelegt wird.

Endstücke: Verzierte, knaufartige Stücke, die am Stangenende zur Sicherung der Ringe und als Zierde aufgesteckt werden (s.S.16).

Futterstoff: Baumwollgewebe zum Besetzen der Rückseite von Vorhängen und Rollos (s.S.32).

Gesamtlänge: Länge des fertigen, aufgehängten Vorhangs bzw. Rollos.

Gesamtbreite: Breite, die der fertige Vorhang bzw. das fertige Rollo abdecken soll. Vorhang- bzw. Rollobreite mit Falten bzw. Kräuselung.

Gingan: Einfaches, kariertes Baumwollgewebe.

Haltekonsolen: Schmale, meist aus Messing hergestellte Winkelkonsolen, die als Auflage für die Vorhangstange an der Wand oder dem Fensterrahmen montiert werden.

Halter: Träger zur Befestigung einer Vorhangstange, Vorhangschiene oder Rolloleiste, der an der Wand, Laibung oder am Fensterrahmen angeschraubt wird.

Kaliko: Ungebleichter Baumwollstoff mit Leinenbindung (s.S.32).

Kelchfalten: von Hand genähte, nach vorn gerundete Falten, die mit Watte ausgestopft werden (s.S.51), zur Oberkantengestaltung von Vorhängen.

Kellerfalten: Flache Falten auf der Vorhangvorderseite als Art der Oberkantengestaltung (s.S.51).

Kettfäden: Beim Weben längs gespannte Fäden.

Köperbindung: Gewebebindung, die eine Diagonalstreifung bewirkt.

Krampe: Auf einer Seite neben dem Fenster angebrachter Metallhaken zum Befestigen der Zugschüre eines hochgezogenen Rollos.

Leistenaufhängung: Aufhängung für Rollos mittels einer i.d.R. 5 x 2 cm starken Holzleiste an der Wand, Decke oder dem Fensterrahmen.

Leiste und Blende: Mit Stoff verkleidete Holzkonstruktion, die zur Verdeckung von Vorhangschienen angebracht wird. Die Leiste wird im rechten Winkel zur Wand und die Blende vorn an die Leiste montiert. Die Schiene wird an der Leistenunterseite angeschraubt und von der Blende verdeckt (s.S.15).

Musselin: Feines, durchscheinendes Baumwollgewebe, meistens uni und gleichmäßig gemustert, doch auch mit weißem Webmuster erhältlich (s.S.33).

Nischenfenster: In der Wand zurückgesetztes Fenster, bei dem die Halterung für Vorhänge bzw. Rollos meist in der Laibung, statt an der Wand angebracht wird.

Oberkante: Oberer Abschluß bei Vorhängen und Rollos. Es gibt z.B. mit Faltenband gekräuselte oder von Hand in Falten gelegte Oberkanten (s.S.18–19).

Ösen: Zweiteilige Metallringe, die mit Hilfe eines Stanzstifts und einer Metallscheibe in die Oberkante geschlagen werden.

Paspel: Stoffschlauch aus Schrägstreifen, in den eine Paspelschnur eingezogen wird, zur Versäuberung und Verschönerung von Kanten.

Popelin: Leichtes Baumwollgewebe, bei dem die Kettfäden stärker als die Schußfäden sind und so eine gerippte Oberflächenstruktur entsteht

Querbehang: oberer Abschluß einer Fensterdekoration, verdeckt die Zugvorrichtung.

Querstäbe: Dünne Holzstäbe, die auf der Rückseite von Rollos, z.B. beim Faltrollo (s.S.96), in Stofftunnel geschoben werden und beim Hochziehen für saubere Falten sorgen.

Raffhalter: Aus Stoff, Kordeln, Bändern o.ä. hergestellter Halter zur seitlichen Befestigung von Vorhängen.

Retoure: Der Teil eines Vorhangs oder einer Blende, der seitlich um eine Schiene oder Leiste gelegt wird.

Sackleinen (Rupfen): Grob strukturiertes Gewebe mit lockerer Gewebebindung aus den Fasern des Jutegewächses (s.S.33)

Webkante: Verstärkter Geweberand.

Saumdurchzug: Zu einem Saum umgenähte Oberkante zum Einschieben einer Vorhangstange (s.S.48).

Schabracke: Querbesatz mit Holzeinlage oder versteiftem Einlagestoff, wird an einer Holzhalterung oberhalb der Vorhangschiene befestigt.

Schnurzug: Schnüre zum Bewegen von Rollos, die auf der Rückseite durch Ringe nach oben geführt werden.

Schnittbreite: Gesamtbreite plus Zugaben für Nähte, Säume und geraffte Oberkante.

Schnittlänge: Gesamtlänge plus Zugaben für Nähte, Säume und Oberkante.

Schußfäden: Querfäden eines Gewebes.

Stecheisen: Spitzes Werkzeug, mit dem Löcher für Ringschrauben in Leisten gebohrt werden.

Stoffbreite (Bahnenbreite): Breite des Stoffes vor der Verarbeitung, meistens 140 cm oder 120 cm. Meistens müssen mehrere Bahnen zur gewünschten Breite zusammengesetzt werden.

Tapisseriestoff (Gobelin): schweres, maschinell gewirktes Gewebe mit einem Muster, das an einen Wandteppich erinnert (s.S. [illegible]

Thermofutter: Baumwollfutterstoff mit einer aluminium-bedampften, wärmedämmenden Seite.

Toile de Jouy: Ursprünglich aus der französischen Stadt Jouy stammendes, mit ländlichen Szenen bedrucktes Baumwollgewebe.

Twill: Gewebe in Köperbindung.

Verdunkelungsstoff: Lichtdichter Futterstoff aus einer Schicht undurchsichtigem Material zwischen zwei Schichten Baumwollstoff (s.S.32).

Vorhanggewichte: Zur Beschwerung und für besseren Sitz des Vorhangs in die unteren Ecken eingenähte Bleischeiben.

Zierclip: Schön gearbeiteter Clip, der um die Vorhangstange greift und an den Vorhang geklemmt wird.

Zugknopf: Schnurhalter aus Messing oder Holz mit Löchern zum Einfädeln der Schnurenden von Rollos.

Register

Danksagung

Verlag und Autorin möchten allen danken, die in irgendeiner Weise zur Entstehung dieses Buchs beigetragen haben. Die rechts genannten Personen verdienen besondere Erwähnung.

Jacqui Badham und Caroline Badham
Paine & Co
Kate und Paul Turner

Stoffe

Abbott & Boyd
Bennison Fabrics
Designers Guild
Hodsoll McKenzie
Ian Mankin
Ian Sanderson
Isle Mill
Nobilis Fontan
Osborne & Little
Percheron
Pierre Frey (UK) Ltd
Ramm Son & Crocker
Watts & Co
Zoffany

Zubehör

Byron & Byron
McKinney & Co

Ausstattung

Castle Gibson
Crucial Trading
D A Binder
David Champion
Josephine Ryan

Böden

Crucial Trading
Fired Earth
Lassco
Sinclair Till

Lampen

[illegible] & Co

Fotonachweis
Verlag und Autorin möchten ebenso allen danken, die Fotos und Aufnahmen zur Verfügung gestellt haben.

Ianthe Ruthven: S.14 links, S.23 oben, S.63 unten

Elizabeth Whiting & Associates

June Buck: S.27 oben rechts
Michael Dunne: S.117 unten
Brian Harrison: S.89 unten rechts (Design: David Rone Allan)
Andreas von Einsiedel: S.15 links (Design: Jo Robinson), S.123 unten

International Interiors

Paul Ryan: S.20 oben (Design: Jan des Bouvrie), S.26 oben (Design: Pet Boon)

Marie Claire Maison

Gille de Chabaneix: S.22 oben (Design: Daniel Rozensztroch)
Nicholas Tosi: S.95 rechts unten (Design: Julie Borgeaud)

Robert Harding Picture Library

IPC Magazines/Jan Baldwin: S.111 unten
Chris Drake: S.19 oben
Gavin Kingcome: S.17 rechts oben
Polly Wreford: S.13 rechts oben, S.15 oben

The Interior Archive

Tim Beddow: S.18 oben (Design: Dido Farrell)
Tim Clinch: S.30 oben (Design Nacho James)
Fritz von Schulenbert: S.14 (Design: Emily Todhunter), S.21 (Design: Christophe Gollut), S.24 oben (Design: Alidad), S.25 oben, S. 28 oben (Design: Christophe Gollut), S.67 links unten, rechts unten, S.73 unten (Design: Kath Kidston), S.95 links unten (Design: Mimmi O'Connell).